LOS
PROBLEMAS
DEL TRABAJO

L. RONALD HUBBARD

LOS PROBLEMAS DEL TRABAJO

Bridge Publications, Inc.

UNA PUBLICACIÓN HUBBARD®

Publicado por:
Bridge Publications, Inc.
4751 Fountain Avenue
Los Angeles, California 90029
U.S.A.

ISBN: 0-88404-996-5

Impreso en Estados Unidos

Nota Importante

Al leer este libro, ten mucho cuidado de nunca seguir después de una palabra que no entiendas por completo.

La única razón de que una persona abandone el estudio o se confunda y no sea capaz de aprender es que siguió después de una palabra que no entendió.

La confusión o la incapacidad para comprender o aprender se presenta DESPUÉS de una palabra que la persona no definió ni entendió.

¿Alguna vez has tenido la experiencia de llegar al final de una página y darte cuenta de que no sabías qué habías leído? En algún punto anterior de esa página pasaste una palabra para la que no tenías una definición o cuya definición era incorrecta.

Por ejemplo: "Se descubrió que cuando llegaba el entrelubricán los niños estaban más tranquilos, y cuando no estaba presente tenían más actividad". ¿Ves lo que sucede? Crees que no entiendes la idea general, pero la incapacidad para entender brota enteramente de una palabra que no pudiste definir: Entrelubricán que significa crepúsculo o anochecer.

Es posible que no sólo tengas que buscar las palabras nuevas o poco usuales, algunas palabras que se usan con frecuencia pueden definirse mal y causar confusión.

El dato de no seguir más allá de una palabra sin definición es el hecho más importante en todo el tema del estudio. Todos los temas que has iniciado y abandonado contenían palabras que fallaste en definir.

Por consiguiente, al leer este libro, asegúrate muy bien de nunca seguir más allá de una palabra que no entiendas por completo. Si el material se vuelve confuso o parece que no puedes comprenderlo, habrá una palabra, en lo que acabas de leer, que no has entendido. No sigas adelante, sino que regresa *antes* de que te metieras en problemas, encuentra la palabra mal entendida y defínela.

Definiciones

Como una ayuda al lector, algunas palabras que en ocasiones se mal entienden, se han definido en las notas al pie de página, cuando estas aparecen en el texto. Algunas veces, las palabras tienen varios significados. Las definiciones al pie de página en este libro, sólo proporcionan el significado de la palabra según se usa en el texto. Otras definiciones de las palabras se pueden encontrar en un diccionario.

Al final del libro se incluye un glosario que contiene todas estas definiciones.

Contenido

	Introducción	1
1	¿De qué depende conservar un trabajo?	5
2	Cómo hacer frente a las confusiones del mundo diario	19
3	¿Es necesario el trabajo?	33
4	El secreto de la eficiencia	45
5	La Vida como un Juego	67
6	Afinidad, Realidad y Comunicación	81
7	Agotamiento	97
8	El hombre que triunfa	115

Apéndice

A. Recuperarse de una lesión — 121
B. Cómo manejar el trabajo — 123

Acerca del autor — 127
Glosario — 131
Índice — 141
Libros y cintas por L. Ron Hubbard — 151
Lista de Direcciones — 170

Introducción

Cienciología, la ciencia general de la vida, tiene muchas aplicaciones.

Si conocieras el comportamiento de la vida, comprenderías el comportamiento de muchas ciencias y actividades.

Aquí tenemos a la Cienciología colaborando con el trabajador y el ejecutivo en ayudar al hombre a ser más competente y capaz, a tener menos cansancio y más seguridad en el mundo del trabajo diario.

Cienciología ya se está aplicando en muchas de las empresas más grandes del mundo; descubrieron que podían utilizarla.

L. Ronald Hubbard

1

¿De qué depende conservar un trabajo?

1

¿De qué depende conservar un trabajo?

¿**D**e qué depende conservar un trabajo?

¿Relaciones familiares? ¿Personas que se conocen? ¿Simpatía personal? ¿Suerte? ¿Educación? ¿Diligencia?[1] ¿Interés? ¿Inteligencia? ¿Habilidad personal?

Para el individuo adulto y un tanto escéptico[2] respecto al mundo del trabajo, varias de las primeras razones aparentemente tienen preponderancia. Solamente los jóvenes parecen tener la ilusión o la idea equivocada de que la habilidad personal, la inteligencia, el interés, la educación y la diligencia tienen algo que ver con ello y el individuo muy escéptico nos haría creer que estas últimas razones tan sólo son los síntomas de ser demasiado joven.

Con mucha frecuencia hemos visto al hijo convertirse en jefe; al nuevo yerno, ayer encargado de embarques, ascender a la mesa directiva, y con frecuencia sabíamos que en primer lugar el hijo y el yerno no sólo carecían de aptitudes, sino que ademas,

---

1. **diligencia:** hacer las cosas activa y expresamente. Aplicación de energía o propósito al trabajo.

2. **escéptico:** que se inclina a la duda, o la falta de fe en la verdad o eficacia de algo.

sin temor a la disciplina, se comportaban de forma más descuidada que el peor de los empleados de la compañía. Las relaciones familiares son algo que depende de la casualidad del nacimiento.

Pero, dejando las relaciones familiares a un lado, ¿qué otra cosa queda? Tenemos a las personas que uno conoce; las relaciones personales juegan sin lugar a duda un papel decisivo para obtener, conservar y mejorar un empleo. Por ejemplo, uno tiene un amigo que trabaja en la Compañía X; el amigo se entera de que hay una vacante; el amigo tiene otros amigos y éstos, a su vez, otros. Así, uno puede establecerse y trabajar en esta compañía con cierta seguridad y la esperanza de recibir un ascenso.

Después tenemos la cuestión de la simpatía personal. Con cuánta frecuencia hemos visto que la joven mecanógrafa, que no sabe deletrear *gato* y es torpe en extremo para escribir a máquina, asciende con rapidez al puesto de secretaria ejecutiva del jefe; aunque no pueda deletrear *gato*, con seguridad puede deletrear *aumento* y aumento de nuevo y tal vez incluso *club nocturno* o *collar de diamantes*. También hemos visto al joven de buena "apariencia" que progresa más que sus mayores, quizá porque supo contar el chiste apropiado o porque juega al golf ligeramente peor que el jefe.

También hemos visto que el factor de educación se toma a mal en las empresas y en los gobiernos, y que el individuo entrenado, sin importar cuánto esfuerzo haya necesitado para prepararse, es postergado por algún individuo sin título que no tiene sino cierto empuje. Hemos visto a ignorantes dirigir alocadamente a millones de personas y a los inteligentes orientando a unos cuantos.

La diligencia también parece tener exigua[3] cabida para los

---

3. **exigua:** escasa, inadecuada en tamaño o cantidad, insuficiente; pobre.

INVOICE FORM

PLEASE FILL IN THIS BOX:

Name: Marisela Ruiz
Address: 611 Taylor
City: Mpls   State: MN
ZIP: 55413   Country:
Phone: 612-379-0439
E-mail: Date:
Received by:

STRESS TEST NOTES: _____

PURCHASE INFORMATION

Qty:	Lang:	Title:	Price:
1	Spanish	Problems of wine	10.70

pocos escépticos que lo hemos visto todo. El afán del joven por trabajar tan duro como un esclavo, se ve frenado con mucha frecuencia por los mayores, que le dicen: "¿Por qué preocuparse tanto, jovencito? Da lo mismo". Y quizá nos hemos quedado después de la hora de salida y nos hemos empapado de tinta o hemos permanecido en nuestro puesto más allá de nuestro deber, tan sólo para ver que al correr del tiempo, el perezoso a quien menospreciábamos, consigue mejor paga. Y hemos dicho que eso no es justicia, ni por asomo.

Y también hemos visto que el interés llega a reducirse a la nada. Cuando nuestra dedicación al juego implacable de la empresa contra sus rivales, nos ha hecho descuidar a nuestra esposa, o nuestra vida, y cuando sacrificamos el tiempo de sueño y descanso para encontrar las soluciones que salvarían a la compañía y las propusimos pero nos las regresaron despreciadas; y cuando al poco tiempo, vimos ascender a puestos más altos a un compañero de trabajo, cuyo único interés era una persona o coleccionar sellos y no la compañía, pensamos que teníamos motivo para estar menos interesados. Y los que nos rodeaban, censuraron nuestro interés por el trabajo, pues al no comprenderlo, se cansaron de oírnos hablar de eso.

La inteligencia parece no tener ninguna importancia en nuestro destino frente a este desfile de desilusiones. Cuando vemos al estúpido gobernar a la mayoría, cuando vemos que se aprueban planes y decisiones que habrían sido rechazados hasta por los hijos de los trabajadores, nos preguntamos qué pudo haber tenido que ver la inteligencia en ésto. Podemos llegar a pensar que es mejor ser tonto a que nuestro talento se vea continuamente atropellado por las estupideces que se aceptan como planes de la compañía.

La habilidad personal en contraste con este torrente, este caos de causas fortuitas para obtener ascensos y mejor paga, parece ser algo superfluo. Hemos visto cómo se nos desperdicia. Hemos visto que las habilidades de otros se desprecian. Hemos visto al inepto ascender mientras que el capaz permanece olvidado e inclusive desempleado. De modo que la habilidad personal no parece ser el factor que alguna vez podría haber sido para nosotros, pequeños engranes en el mecanismo conflictivo de la fortuna de los negocios. Debe ser entonces la suerte, y nada más que la suerte, de lo que depende todo.

Y parece ser, aun para el ojo "experimentado", que el obtener, conservar y mejorar un empleo dependen de un caos de causas, todas ellas fuera de nuestro control. Aceptamos una masa desordenada de casualidades como nuestro destino, en vez de una esperanza ordenada.

Nos esforzamos un poco, nos vestimos bien y con pulcritud para solicitar un empleo, nos trasladamos diariamente al lugar de trabajo, manipulamos los papeles o las cajas o las piezas de maquinaria en una forma que nos parece aceptable, nos vamos a casa en un vehículo apiñado, y esperamos otro día de trabajo tedioso.

Ocasionalmente, empezamos un curso por correspondencia para tener alguna ventaja sobre nuestros compañeros, y con frecuencia lo abandonamos antes de concluirlo: pues parece que ni siquiera podemos llevar a cabo esto para ayudarnos en nuestro camino contra dicho diluvio de casualidades.

Nos enfermamos, agotamos la licencia de enfermedad y apenas nos recuperamos, nos encontramos sin trabajo. Nos volvemos víctimas de una intriga[4] o calumnia[5] accidental y nos quedamos sin trabajo. Intentamos hacer labores que no podemos hacer y nos encontramos otra vez sin trabajo. Envejecemos

---

4. **intriga:** conspiración secreta.

5. **calumnia:** afirmación falsa, dañina para la reputación o posición de otra persona.

demasiado y pasamos el tiempo recordando lo rápidos que alguna vez fuimos y cierto día nos quedamos sin trabajo.

El sino[6] del hombre en el mundo del trabajo diario es la incertidumbre. Su meta es la seguridad, pero son pocos los que la alcanzan. El resto de nosotros vivimos preocupándonos día tras día, año tras año, por nuestra habilidad para conseguir trabajo, conservarlo y mejorar nuestro destino. Con mucha frecuencia nuestros peores temores ocurren. Alguna vez tuvimos al rico para admirarlo y envidiarlo, pero ahora los impuestos que pagamos han reducido el número de ricos, a pesar de la astucia de sus contadores. Los estadistas y los gobernantes suben al poder, nos prometen todo tipo de seguridad, y después nos imponen restricciones que la hacen parecer inestable también.

Día a día nuevas amenazas se imponen sobre nuestra conciencia. Un mundo donde la máquina es soberana, hace del hombre un engrane. Y se habla de nuevos inventos que harán el trabajo de miles de nosotros, por lo que sufriremos hambre.

Los anuncios en los medios de transporte, periódicos, calles, radio, televisión, nos impulsan a poseer todo tipo de cosas. Y no importa lo agradable que sea poseerlas, *nosotros*, los que las producimos, no podemos adquirirlas con el dinero que ganamos. Y las Navidades nos dejan avergonzados de lo poco que podemos comprar y hacemos que el traje nos dure un año más. Los años avanzan y no nos volvemos más jóvenes. Cada hora confrontamos eventualidades que podrían desbaratar nuestro futuro. No es de extrañar que sólo creamos en la suerte.

Bueno, ése es el problema.

Para comer, necesitamos tener un trabajo. Para vivir, tenemos

---

6. **sino:** la posición de uno en la vida; suerte.

que seguir siendo aceptables en nuestro empleo. Para progresar, tenemos que confiar en las oportunidades[7]. Y todo ello parece una enorme y desalentadora confusión compuesta de casualidades, buena suerte y mala suerte, o labor monótona, sin nada que ganar al final.

¿Qué daría uno por algo que le sacara de esa tediosa rutina? Tal vez no te encuentres sumido en ella; de no estarlo, eres uno de los afortunados. Por escapar de esta rutina, los hombres han perpetrado[8] las más sangrientas guerras y revoluciones de la historia. Dinastías[9] enteras han sido diezmadas completamente en una convulsión[10] opresiva nacida de la desesperación. Los trabajos escasean; el conservarlos se vuelve más y más azaroso. Finalmente, ya nadie puede resistir la tensión de la inseguridad, y la respuesta es una revolución brutal y sangrienta. ¿Qué se logra con ello? Nada. Una revolución es el acto de sustituir una tiranía por otra, diez veces más despótica[11] que la anterior. Ni el cambio de gobiernos, ni siquiera cambiar de empresa pueden cambiar la seguridad básica.

La búsqueda de la seguridad es la búsqueda de la constancia y la paz. El trabajador las merece. Él crea los bienes. Debe contar con los medios[12] para vivir. En lugar de eso, tiene caos.

Pero, ¿dónde está el caos? ¿Está en la familia del trabajador? Algunos dicen eso. ¿Es una característica del capital[13]? Otros así

---

7. **oportunidad:** un lapso de suerte, a menudo específicamente buena suerte.

8. **perpetrar:** hacer o realizar (algo malo, criminal u ofensivo); ser culpable de algo.

9. **dinastía:** una sucesión de gobernantes que son miembros de la misma familia.

10. **convulsión:** cualquier disturbio violento, como una revuelta social o un terremoto.

11. **despótica:** que tiene poder sin límite.

12. **medios:** cosas (especialmente dinero) necesarias para un propósito.

13. **capital:** riqueza (dinero o propiedades) poseída o usada por una persona en un negocio, empresa, etc..

lo afirman. ¿Origina el caos un mal gobierno? Muchos lo han dicho. ¿Está en el propio trabajador? Algunos quisieran que él así lo pensara.

No, no está en nada de lo anterior. El caos de la inseguridad se debe al caos de la información acerca del trabajo y de la gente. Si no se tienen brújulas con las cuales guiarse por la vida, uno se pierde. Tantos elementos recientes de la Era Industrial han intervenido en la vida, que la vida misma necesita comprenderse mejor.

El trabajo y la seguridad son partes de la vida. Si la vida no se comprende, tampoco se comprenderán estos aspectos de la vida. Si la vida parece ser caótica, cuestión de conjeturas y casualidad, entonces el trabajo parecerá caótico.

Pero el papel del trabajo en la existencia es más importante que cualquier otro. Algunos dicen que gastamos la tercera parte de nuestra vida en la cama, y por lo tanto las camas son importantes; sin embargo gastamos más de la tercera parte de nuestra vida en el trabajo, y si no trabajamos, no tenemos cama; parece que el trabajo es mucho más importante. Si reunimos los componentes de la vida: amor, deporte o diversiones, encontramos que la mayor concentración no está en éstos, sino en el *trabajo*. El trabajo tiene el papel principal en nuestra existencia, nos guste o no. Si el trabajo no nos gusta, no nos gusta la vida.

Ante un hombre un poco demente, las "ologías"[14] anticuadas nos harían investigar su vida amorosa o su niñez. Una nueva y mejor idea sería la de investigar su seguridad y sus condiciones de trabajo. A medida que la seguridad empeora en una nación, la demencia aumenta. Si fuéramos a atacar y

---

14. **ología:** una rama del saber; ciencia: se usa en sentido humorístico.

conquistar los problemas de la demencia nacional, no construiríamos mejores asilos para dementes, más bien mejoraríamos las condiciones de trabajo.

Siete décimas partes de la vida son trabajo, una décima: la familia, una décima: la política y una décima: el descanso. La economía y la lucha por obtener un salario constituyen las siete décimas partes de la existencia. Generalmente cuando un individuo pierde sus ingresos o su trabajo, se encuentra en mal estado mental. Si buscamos pruebas de esto, las encontraremos en todas partes. Las preocupaciones por la seguridad, por los bienes, por ser capaces de hacer algo en la vida por los demás, son las preocupaciones principales de la existencia. Simplificando las cosas: la gente sin nada que hacer, sin propósito, muy fácilmente se vuelve neurótica[15] o loca. Básicamente, el trabajo no es una labor monótona sino algo que hacer. Nuestra paga indica que valemos algo y por supuesto compra lo que necesitamos para vivir, o casi lo logra.

Por lo tanto, la seguridad del trabajo es importante, pero la seguridad es en sí una comprensión. La inseguridad es *el no saber*. Cuando alguien está inseguro simplemente no sabe. No está seguro. El hombre que *sabe*, está seguro. El hombre que no sabe, cree en la suerte. Uno se vuelve inseguro cuando no sabe si va a ser despedido o no, y por eso se preocupa. Y así ocurre con toda inseguridad.

La inseguridad existe en ausencia del conocimiento. Toda seguridad se deriva del conocimiento.

Uno *sabe* que se le apreciará, sin importar lo que suceda. Eso es una seguridad. En ausencia de cierto conocimiento, esto también podría ser una idea falsa.

---

15. **neurótica:** conducta que caracteriza a la persona que está demente o perturbada en algún tema (en oposición a una persona psicótica, que está demente en general).

La suerte es casualidad. Confiar en la suerte es confiar en un estado de desconocimiento.

Pero, en verdad, ¿cómo podría uno tener conocimiento acerca de la vida, si la vida misma como conocimiento no se ha puesto en orden? Si el tema de la vida misma fuera un caos, ¿cómo podría el trabajo, siendo parte de la vida, no ser sino un caos?

Si el *livingness*[16] es un campo desconocido, entonces el *trabajar* y todo lo concerniente al trabajo, será un campo desconocido expuesto al cinismo, a la desesperanza y a las conjeturas.

Para obtener, conservar y mejorar un trabajo, se tendrían que conocer las reglas exactas y precisas de la vida, si se quisiera tener una seguridad completa. No sería suficiente conocer bastante bien el trabajo propio. Esto no sería seguridad, porque conforme pasara el tiempo, se vería que como hemos dicho, intervienen demasiadas eventualidades.

El conocimiento de las reglas generales y fundamentales de la vida produciría una seguridad en la vida. El conocimiento de las reglas fundamentales de la vida produciría también seguridad en el trabajo.

Cienciología es una ciencia de la vida. Es el primer esfuerzo totalmente occidental por comprender la vida. Todos los esfuerzos anteriores provinieron de Asia o de Europa Oriental y fracasaron. Ninguno proporcionó mayor seguridad. Ninguno pudo cambiar el comportamiento humano hacia la mejoría. Ninguno de ellos, aunque alardearon de ello, pudo cambiar la

---

16. **livingness:** la actividad de seguir cierto curso, impelido (impulsado) por un propósito y con un lugar al que llegar.

inteligencia humana. Cienciología es algo nuevo en el mundo, y aunque joven, es sin embargo la única ciencia de la existencia que se ha experimentado y validado completamente. No exige que uno se acueste 20 años sobre clavos para descubrir que es mortal, ni exige un vasto estudio de las ratas para saber que el hombre está confuso.

Cienciología puede mejorar y mejora la conducta humana. Pone al individuo en control de sí mismo, donde le corresponde. Cienciología puede incrementar la inteligencia humana y lo hace. Mediante las pruebas más exactas conocidas, se ha comprobado que Cienciología puede aumentar enormemente la inteligencia del individuo. Y Cienciología puede hacer otras cosas. Puede reducir el tiempo de reacción y quitar años a la apariencia de un individuo. Pero no se trata de dar aquí una lista de todo lo que puede lograr. Es una ciencia de la vida y funciona; trata adecuadamente las reglas básicas de la vida e introduce orden en el caos.

En realidad, una ciencia de la vida sería una ciencia del buen orden. Cosas tales como accidentes y la suerte estarían bajo el propio control, si sólo se pudiera entender sus principios fundamentales.

Como hemos visto, aun aquellos que no son escépticos, pueden ver que ocurren muchas eventualidades para obtener, mejorar y conservar un empleo. Algunas de estas eventualidades parecen tan amplias y fuera de control, que nada puede hacerse al respecto. Si sólo pudiéramos reducir las eventualidades de un empleo, si pudiésemos cultivar las amistades correctas y estuviéramos seguros de que nuestra educación cuenta y tuviéramos cierta seguridad de que nuestro interés, inteligencia y habilidad innata no se desperdiciarían, entonces las cosas estarían mejor. ¿No es así?

Bueno, veremos lo que Cienciología puede hacer por ti y por aquellos que conoces para reducir las eventualidades del mundo del trabajo diario. Después de todo, ¿de qué se trata la vida?

2

Cómo hacer frente a las confusiones del mundo diario

2

Cómo hacer frente a las confusiones del mundo diario

Hemos visto cómo se le puede hacer creer a uno que hay algo confuso respecto a guiar su carrera en el mundo del trabajo. La confusión existe para aquél que no está equipado con guías y mapas.

Básicamente, lo que llamamos trabajo, conseguir un trabajo, parece algo muy simple. Uno se capacita en determinada especialidad y lee un anuncio, o lo envía un amigo y le entrevistan para un trabajo. Uno lo consigue y se presenta todos los días, hace las cosas que le ordenan y conforme pasa el tiempo, tiene esperanza de un aumento en la paga. El paso del tiempo, lo lleva a esperar una pensión o un régimen[1] gubernamental que pagará prestaciones en la edad avanzada. Y ésa es la norma común.

Pero los tiempos cambian y las normas comunes tienen la tendencia a deteriorarse. Se presentan en el cuadro varios incidentes y accidentes del destino. Completamente aparte de factores personales, otros puntos de vista más amplios alteran las cosas. El gobierno, por economizar en todas partes, no concede una pensión adecuada. La compañía para la que uno

---

1. **régimen:** una forma o manera de gobernar o dirigir.

trabaja se desmorona a causa de la depresión[2], o uno pierde la salud inexplicablemente y queda a expensas de la caridad.

En este mundo del trabajo diario, el trabajador no es un gran gigante entre sus muchos enemigos. El camino de oropel[3] pintado tan halagador por los agitadores[4], el gran afecto que muestra hacia el trabajador ésta o aquella ideología[5] o figura política, no reflejan los hechos. Un hombre que desempeña un trabajo se enfrenta a dificultades que para él son suficientemente grandes, no importa lo pequeñas que podrían parecerle al industrial próspero. Un pequeño porcentaje de aumento en los impuestos puede significar que en lo sucesivo uno se quede sin tabaco. Una mala época para la empresa puede causar una reducción en la paga y acabar con todos los lujos y hasta con cosas indispensables o con el trabajo mismo.

Al ser efecto de las corrientes internacionales, de los gobiernos, de las tendencias de los negocios y de los mercados, que generalmente se encuentran más allá de su alcance, el trabajador tiene todo el derecho a pensar que su suerte no es del todo predecible. Incluso, verdaderamente, podría tener derecho a estar confundido.

Un hombre puede morir de hambre en pocos días. Pocos trabajadores tienen recursos disponibles para muchos días, si se altera la normalidad. Por ello, el trabajador ve como amenazas muchas cosas que no representarían un problema importante para el que está muy seguro. Y estas cosas pueden llegar a ser

2. **depresión:** un período durante el cual los negocios, el empleo y el mercado de valores declinan severamente y permanecen en un nivel muy bajo de actividad.

3. **oropel:** cosa de poco valor y mucha apariencia.

4. **agitador:** una persona que intenta excitar a la gente hacia la acción violenta mediante recurrir a las emociones, prejuicios, etc..

5. **ideología:** las ideas o creencias principales que caracterizan a una clase, grupo o movimiento en particular.

tantas, que la vida puede parecer demasiado confusa para soportarse, y uno se hunde en una apática rutina diaria, sin mucha esperanza, confiando en tener la suerte de que la siguiente tormenta no le toque.

Cuando miramos los muchos factores que podrían deteriorar nuestra vida y minar nuestra seguridad, la sensación es que la confusión parece estar bien fundamentada y puede decirse acertadamente que todas las dificultades son esencialmente confusiones. Si se presenta la suficiente amenaza, el suficiente desconocimento, el hombre agacha la cabeza e intenta atravesarla a ciegas; ha sido vencido por las confusiones.

Suficientes problemas sin solución dan por resultado una enorme confusión. De cuando en cuando, suficientes órdenes conflictivas en su trabajo llevan al trabajador a un estado de confusión. Una planta moderna puede estar tan mal administrada, que toda ella parezca ser una vasta confusión sin solución posible.

La suerte es la respuesta común a la que uno recurre en una confusión. Si las fuerzas a nuestro alrededor parecen demasiado grandes, uno siempre puede "confiar en su suerte". Por suerte, entendemos "destino no dirigido por uno mismo". Cuando uno pierde el control del volante y espera que por suerte el automóvil no se salga del camino, por lo general se ve defraudado. Y así sucede en la vida. Esas cosas dejadas a la suerte es poco probable que se resuelvan solas. Hemos visto a algún amigo cerrar los ojos ante los acreedores y resistir la presión mientras espera ganar en las carreras para resolver todos sus problemas. Hemos conocido personas que han llevado así sus vidas durante años. Por cierto, uno de los personajes más famosos de Dickens[6] tenía por filosofía "esperar a que

---

6. **Dickens:** novelista inglés de finales del siglo XIX, notable por sus personajes pintorescos y extravagantes del estrato económico inferior de Inglaterra en ese entonces.

algo ocurriera". Aún cuando admitimos que la suerte *es* un elemento poderoso, sólo es necesaria en medio de una fuerte corriente de factores desconcertantes. Si uno debe tener *suerte* para salir de apuros, resulta que ya no está al control del volante, y además se está enfrentando a una confusión.

Una confusión puede definirse como cualquier conjunto de factores o circunstancias que no parecen tener ninguna solución inmediata. En términos más amplios, en este universo una confusión es *movimiento fortuito*.

Si alguien se colocara en medio del tráfico intenso, probablemente se sentiría confundido por todo el movimiento que zumba a su alrededor. Si alguien estuviera en medio de una fuerte tormenta, con hojas y papeles volando a su alrededor, probablemente se sentiría confuso.

¿Es posible comprender realmente una confusión? ¿Existe la llamada "anatomía de la confusión"? Sí.

Si fueras el operador de un conmutador telefónico y tuvieras diez llamadas al mismo tiempo, podrías sentirte confundido. Pero, ¿existe alguna respuesta para esta situación? Si como jefe de un taller tuvieras tres emergencias y un accidente, todo al mismo tiempo, podrías sentirte confundido. Pero, ¿hay alguna solución para esto?

Una confusión es una confusión sólo mientras *todas* las partículas estén en movimiento. Una confusión es una confusión únicamente en tanto ninguno de los factores se haya definido o comprendido con claridad.

La confusión es la causa básica de la estupidez. Para el estúpido, todas las cosas, salvo las muy simples, son confusas.

Por lo tanto, si alguien conociera la anatomía de la confusión, sería aún mas inteligente de lo que es.

Si alguna vez has tenido que enseñarle a algún joven aspirante[7] no muy brillante, comprenderás bien esto. Tratas de explicarle cómo funciona tal o cual cosa, le repites una y otra vez la explicación, después lo dejas solo y pronto ocasiona un embrollo. "No entendió", "no captó la idea". Puedes explicar esa falta de entendimiento diciendo acertadamente que "estaba confuso".

La educación fracasa en un noventa y nueve por ciento y ese fracaso es debido a que el estudiante estaba confuso.

Y no solamente en el ámbito del trabajo, sino en la vida misma, cuando el fracaso es inminente, éste se origina de una manera u otra de la confusión. Para aprender acerca de las máquinas o para vivir la vida, uno debe poder enfrentarse a la confusión o desbaratarla.

En Cienciología tenemos cierta doctrina[8] acerca de la confusión. Se denomina la Doctrina del Dato Estable.

Si vieras una gran cantidad de papelitos volando en una habitación, te parecerían confusos hasta que eligieras *uno* y consideraras que todos los demás se estaban moviendo con respecto a ése. En otras palabras, un movimiento confuso puede comprenderse imaginando que una cosa está inmóvil.

En un flujo continuo de tráfico, todo sería confusión salvo que se concibiera que un automóvil estuviera inmóvil en relación a los demás, y ver así los otros en relación a ése.

---

7. **aspirante:** una persona que tiene ambición hacia algo.

8. **doctrina:** algo que se enseña; enseñanzas.

La operadora de un conmutador telefónico que recibe diez llamadas a la vez, resuelve la confusión seleccionando, correcta o incorrectamente, una de ellas como la primera que recibirá su atención. La confusión de diez llamadas a la vez se vuelve menor en el momento en que escoge una sola para contestarla. El jefe de un taller que se enfrenta a tres emergencias y un accidente, sólo necesita elegir su *primer* blanco de atención para iniciar el ciclo que traerá el orden nuevamente.

Hasta que uno selecciona *un* dato, *un* factor, *un* pormenor[9] en una confusión de partículas, la confusión continúa. *Aquello* que se selecciona, se convierte en el *dato estable* con respecto a los demás.

De modo más particular y exacto, todo cuerpo de conocimiento se desarrolla a partir de *un dato*. Ese es su *dato estable*. Invalidando[10] éste, todo el cuerpo de conocimiento se derrumba. Un dato estable no tiene que ser el correcto. Es simplemente el que evita que las cosas estén en confusión y según el cual los demás datos se alinean[11].

Ahora bien, si al enseñar al joven aspirante a usar una máquina, no comprendió tus instrucciones, fue porque le faltó un dato estable. Primero habría que darle a entender claramente *un hecho*, comprendiendo éste, podría comprender otros. Por lo tanto, se es estúpido o se está confundido en cualquier situación desconcertante hasta que se comprende por completo *un hecho* o un elemento.

Las confusiones, no importa cuan grandes y formidables

---

9. **pormenor:** detalle, dentro de una cantidad una sola cosa considerada por sí misma; una cosa o artículo individual.

10. **invalidar:** refutar, degradar, desacreditar o negar algo que otra persona considera que es un hecho.

11. **alinear:** colocar en línea, poner en línea.

puedan parecer, están compuestas de datos, factores o partículas. Tienen partes. Toma una parte y localízala completamente. Luego mira cómo funcionan las otras en relación a ésta; habrás estabilizado la confusión y al relacionar otras cosas con lo que has captado, pronto dominarás por completo la confusión.

Al enseñarle a un joven a manejar una máquina, no le lances un torrente de datos para después señalarle sus errores; eso lo confunde y hace que responda de modo estúpido. Busca un punto de entrada a su confusión, *un dato*. Dile: "Esta es una máquina". Pudiera ser que todas las instrucciones fueron lanzadas a alguien que no tenía certeza real, ningún orden de existencia real. Dile: "Esta es una máquina". Luego haz que se asegure de ello. Que la toque, que la sienta, que juegue con ella. Dile: "Esta es una máquina". Y te va a sorprender el tiempo que te puede tomar hacer esto, pero también te sorprenderá ver cómo aumenta su certeza. De entre todas las complejidades que el joven debe aprender para manejar esta máquina, debe primero comprender *un dato*. Ni siquiera es importante *qué* dato comprenda bien primero, aunque es importante enseñarle primero un *dato básico simple*. Puede mostrársele lo que hace la máquina, puede explicársele el producto terminado, puede decírsele porqué ha sido *él* el escogido para operar esta máquina. *Pero debes* ponerle en claro un dato básico, pues de otra manera entrará en confusión.

La confusión es incertidumbre, la confusión es estupidez, la confusión es inseguridad. Cuando pienses en incertidumbre, en estupidez y en inseguridad, piensa en confusión y sabrás perfectamente lo que es.

¿Qué es entonces la certeza? Es ausencia de confusión. ¿Qué es la inteligencia? La habilidad para manejar la confusión. ¿Qué es entonces la seguridad? La habilidad de atravesar la confusión, de rodearla o de ordenarla. La certeza, la inteligencia y la seguridad son la ausencia de confusión o la habilidad para manejarla.

¿Cómo encaja la suerte en la confusión? La suerte es la esperanza de que alguna casualidad no controlada nos sacará de apuros. Depender de la suerte es abandonar el control, es apatía.

Hay *buen* control y *mal* control. La diferencia entre ambos es certeza e incertidumbre. El buen control es seguro, positivo, predecible. El mal control es incierto, variable e impredecible. Con buen control uno puede estar seguro; con mal control uno nunca está seguro. Un jefe de taller que haga efectiva una regla hoy, pero no mañana, que hace obedecer a Juan, pero no a Pedro, está ejerciendo mal control; a raíz de eso surgirán la incertidumbre y la inseguridad, no importa cuáles sean sus atributos personales.

Debido a que hay tanto control incierto y estúpido, algunos estamos empezando a creer que todo control es malo, pero eso está muy lejos de la verdad. El control es necesario si uno desea traer cierto orden a las confusiones. Para hacer cualquier cosa, uno debe ser capaz de controlar las cosas; su cuerpo, sus pensamientos por lo menos, hasta cierto punto.

Una confusión podría definirse como *movimiento fortuito*[12], incontrolado. Sólo aquellos que pueden ejercer cierto control sobre ese movimiento fortuito, pueden manejar las confusiones. Los que no pueden ejercer ningún control, realmente fomentan las confusiones.

La diferencia entre buen control y mal control se vuelve entonces más evidente. La diferencia entre bueno y malo es el

---

12. **fortuito:** que ocurre sin que se pueda preveer.

grado. Un control completo, positivo, puede ser predicho por los demás; por consiguiente, es buen control. Un control no positivo y descuidado, no puede predecirse; por consiguiente, es mal control. La intención[13] también tiene algo que ver con el control. El control puede emplearse para propósitos constructivos o para propósitos destructivos, pero se descubrirá que cuando se *intentan* propósitos destructivos, se usa mal control.

Así pues, la *confusión* es un tema muy amplio. Quizá parezca un tanto extraño que la confusión, en sí, se utilice aquí como objetivo. Pero se encontrará que es un común denominador excelente para todo lo que consideramos malo en la vida. Y si podemos dominar las confusiones, nuestra atención quedará libre para la actividad constructiva. Mientras nos confundan las confusiones, sólo podremos pensar en cosas destructivas, ya que lo que más deseamos es destruir la confusión.

Así que aprendamos primero cómo destruir las confusiones, lo cual según veremos es algo bastante simple. Cuando *todas* las partículas parecen estar en movimiento, detengamos una y veamos cómo se mueven las demás con respecto a ella y así tendremos menos confusión presente. Escogiendo una como *dato estable,* se puede alinear a las demás. De esta manera se puede ver y comprender una emergencia, una máquina, un trabajo o la vida misma, y se puede ser libre.

Veamos cómo funciona esto. En el primer capítulo hicimos una lista de una serie de cosas que podrían influir para obtener, conservar y mejorar un trabajo. Uno puede manejar todo el problema, como frecuentemente lo hace mucha gente, introduciendo en el problema el dato único: "Yo puedo conseguir y conservar un trabajo". Aferrándose a este dato como única

---

13. **intención:** algo que uno desea hacer. Uno intenta hacerlo, es un impulso hacia algo; es una idea de que uno va a lograr cierta cosa. Es intencional, lo cual significa que uno *desea* hacerlo.

creencia, las confusiones e inseguridades de la vida se vuelven menos impresionantes, menos desconcertantes.

Pero supongamos que uno hizo esto: que sin más investigación del problema, cuando joven, con firmeza cerró los ojos y dijo: "Yo puedo conseguir y conservar un trabajo como quiera que sea, por lo tanto, ya no voy a preocuparme más por el aspecto económico de la existencia". Y todo iba bien.

Más adelante lo despiden sin previo aviso y uno se queda sin trabajo durante diez semanas. Entonces, aunque haya obtenido un nuevo trabajo, se siente menos seguro, menos confiado. Digamos que después ocurre cierto accidente y nuevamente queda sin trabajo. Al estar otra vez sin trabajo se siente otra vez menos confiado, menos seguro. ¿Por qué?

Veamos el lado opuesto de esta Doctrina del Dato Estable. Encontraremos que la confusión se debilita debido al dato estable, y que cuando éste se tambalea, la confusión se presenta nuevamente.

Concibamos que una confusión se detuvo. Aún está dispersa pero se ha detenido. ¿Qué la detuvo? La adopción de un dato estable. Digamos que en casa alguien tuvo un serio disgusto con su suegra. Al día siguiente, después de una pelea, sale con paso airado y en un momento de inspiración[14] se dice: "Todas las suegras son malas". Es una decisión. Correcto o incorrecto, es un dato estable adoptado en una confusión. De inmediato uno se siente mejor. Ahora puede hacerse cargo del problema o vivir con él. Deduce que "todas las suegras" son malas. No es verdad, pero es un dato estable. Cierto día, cuando él está en dificultades, su

---

14. **inspiración:** el hecho o la condición de estar animado o influenciado por un sentimiento, idea, impulso, etc..

suegra les hace frente solidariamente[15] y no sólo paga la renta, sino las demás deudas. Al momento él se siente muy confuso. Ese acto de bondad no debería ser motivo de confusión. Después de todo, ¿no resolvió ella el problema? Entonces, ¿por qué sentirse molesto? *Debido a que el dato estable ha sido sacudido.* Toda la confusión del problema anterior entró nuevamente en acción debido a que se demostró la falsedad del dato estable.

Para confundir a cualquiera, todo lo que hay que hacer es encontrar sus datos estables e invalidarlos. Sólo es necesario sacudir, por medio de la crítica o de pruebas, esos pocos datos estables para que nuevamente entren en acción todas las confusiones de la persona.

Como se ve, los datos estables no tienen que ser verdaderos. Simplemente se adoptan. Una vez adoptados se consideran los demás datos en relación a éstos. Por tanto, la adopción de *cualquier* dato estable tenderá a nulificar la confusión a la que ese dato estable se dirige, *pero* si dicho dato estable se sacude, se invalida o se desmiente, entonces queda uno nuevamente con la confusión. Por supuesto, todo lo que se tiene que hacer, es adoptar un nuevo dato estable o colocar otra vez el antiguo dato estable en su lugar, pero hay que saber Cienciología a fin de lograrlo fácilmente.

Digamos que no se guarda temores respecto a la economía nacional, porque hay una figura política heroica que está tratando de realizar su mejor labor. Ese hombre es el dato estable para todas las confusiones que se puedan tener respecto a la economía nacional. Por tanto, uno "no está preocupado". Pero un día, las circunstancias o sus enemigos políticos hacen tambalear el dato, ellos "prueban" que en realidad era deshonesto.

---

15. **solidariamente:** de forma solidaria; que está ligado a otros por una comunidad de intereses y responsabilidades.

Entonces, uno vuelve a preocuparse enormemente por la economía nacional. Quizá se adoptó cierta filosofía porque el orador parecía un tipo agradable. Luego, una persona demuestra cuidadosamente que el orador en realidad era un ladrón o algo peor. Uno adoptó la filosofía porque necesitaba tener paz en sus pensamientos. La confusión a la que uno se enfrentó originalmente, vuelve de inmediato al quedar invalidado el orador.

Muy bien, vimos la confusión en el mundo diario cuando éramos jóvenes y la contuvimos afirmando inflexiblemente: "Yo puedo conseguir y conservar un trabajo". Ese era el dato estable. Conseguimos el trabajo, pero nos despidieron. La confusión del mundo diario se volvió muy desconcertante. Si sólo tuviésemos este único dato estable: "Puedo obtener y conservar un trabajo" como respuesta total para los diversos problemas señalados en el primer capítulo, entonces, seguramente, pasaríamos algunos períodos desconcertantes en nuestra vida de trabajo. Un dato muchísimo más estable sería: "Entiendo acerca de la vida y de los trabajos, por lo tanto, puedo obtenerlos, conservarlos y mejorarlos". Y a eso vamos a llegar con este libro.

3

¿Es necesario el trabajo?

3

¿Es necesario el trabajo?

Para vivir la vida es necesario comprenderla, pues de lo contrario, la vida se convierte en una trampa. Para muchos de nosotros, esta trampa toma la forma de *trabajo* en la vida diaria.

Si no tuviéramos que trabajar, ¡cuántas cosas agradables podríamos hacer! Si tuviéramos alguna otra manera de ganar dinero . . . viajes, vacaciones, ropa nueva . . . ¡Una gran cantidad de cosas serían nuestras si tan sólo no tuviéramos que trabajar!

Es casi un factor educativo en nuestra sociedad que la obligación de trabajar sea la raíz de nuestra infelicidad. Oímos a sindicatos y a estados de asistencia social así como a individuos, basar todas sus demandas en una reducción del trabajo. Eludir el trabajo mediante la reducción de horarios y la introducción de maquinaria automática, ha venido a ser la expresión favorita de mediados del siglo XX.

Sin embargo, lo más desalentador que podría sucedernos a la mayoría de nosotros, sería la pérdida de todos los trabajos futuros. El que se nos niegue el derecho a trabajar equivale a que se nos niegue el ser parte de la sociedad en la que vivimos.

Ni el hijo del hombre rico, ni la viuda adinerada trabajan. Ninguno de ellos son sanos mentalmente. Cuando buscamos la neurosis y la locura en nuestra sociedad, las encontramos en aquellos que no trabajan o no pueden trabajar. Cuando miramos los antecedentes de un criminal, encontramos "inhabilidad para trabajar". El derecho a trabajar parece estar relacionado de alguna manera con la felicidad y la alegría de vivir. Es demostrable que la negación del trabajo está ligada a la locura y a la irracionalidad.

Conforme aumenta el número de maquinaria automática en nuestra sociedad, aumenta igualmente el porcentaje de gente demente. Las leyes sobre el trabajo para niños, prohibiciones en contra de las horas extras, la exigencia de muchos documentos, habilidades y condiciones, se combinan para reducir la cantidad de trabajo que puede desempeñar un individuo.

¿Has visto alguna vez una persona jubilada que sentía nostalgia por su escritorio? Actualmente, la "doctrina del trabajo limitado" nos educa a creer que a tal o cual edad debemos dejar de trabajar. ¿Por qué es esto tan popular cuando podemos ver por nosotros mismos que el fin del trabajo es el fin de la vida en la mayoría de los casos?

Hablemos políticamente, por un momento: desde el punto de vista de la cordura, el hombre necesita más encarecidamente el derecho a trabajar que un interminable número de supuestas libertades. Sin embargo, reprobamos concienzudamente en nuestros hijos y en nuestra sociedad a aquellos que *crean* el trabajo. A menos que el trabajo se cree, no habrá trabajo que hacer. El trabajo no es algo que surja espontáneamente ante nuestra vista. El trabajo es algo que se crea. Conforme cambian los tiempos y los viejos métodos, mercados y sistemas se vuelven inadecuados y se deterioran; se deben crear nuevos inventos, mercados y sistemas de distribución. Alguien creó los trabajos que desempeñamos. Cuando trabajamos, hacemos un trabajo que ha sido creado, ya sea por nosotros mismos o por otro.

No es suficiente desempeñar un trabajo por inercia. El trabajo debe ser creado por nosotros día a día, no importa quién lo haya creado originalmente.

Trabajar es participar en las actividades de nuestra sociedad, ser rechazado como parte de las actividades de nuestra sociedad, es ser marginado por ella.

Alguien inventó la diferencia entre trabajo y juego. El juego se ha visto como algo interesante y el trabajo como algo arduo y necesario, por lo tanto, no interesante. Pero cuando salimos de vacaciones a "jugar" generalmente estamos muy contentos de volver a la "lucha diaria". El juego casi no tiene propósitos; el trabajo sí tiene un propósito.

A decir verdad, sólo cuando la sociedad se niega constantemente a darnos trabajo, es cuando el trabajo llega a causarnos disgusto. Al hombre que no puede trabajar, se le ha privado del derecho a trabajar. Cuando examinamos los antecedentes del criminal incapacitado notoriamente para trabajar; encontramos que, ante todo fue convencido de que no tenía que trabajar; su padre, su madre o la escuela se lo prohibieron al principio de su vida. Parte de su educación fue que no debía trabajar. ¿Qué podía hacer? Vengarse de la sociedad que le negaba el derecho a tomar parte en sus actividades.

Definamos de nuevo trabajo y juego. El juego debería llamarse "trabajo sin un propósito". Podría llamarse también "actividad sin propósito". Así el trabajo se define como "actividad con propósito".

El que encontremos defectos en el trabajo, se debe a nuestro temor a que no se nos permita continuar trabajando.

La automatización, con toda esa instalación de máquinas que harán nuestro trabajo, no tiene nada de malo mientras aquellos a quienes corresponda, tengan presente crear *trabajo adicional* para nosotros. La automatización podría ser una bendición para el mundo entero, *siempre y cuando* se inventaran tantos nuevos trabajos como los que desplaza la maquinaria. *¡Entonces* tendríamos producción! Y si a quienes compete no equivocaran la economía básica y crearan suficiente dinero para que compráramos todos los productos nuevos, *habría* verdadera prosperidad. Así pues, no es en la automatización donde está el error; si la automatización deja a la gente sin empleo, es que a *alguien* no se le permitió inventar nuevos trabajos para nosotros. Por supuesto, si cada nuevo negocio fuese aplastado mediante restricciones y si a todo individuo que inventara un trabajo se le prohibiera llevarlo a cabo, entonces, y sólo entonces, la automatización ocasionaría nuestra ruina.

A pesar del exceso de publicidad acerca de la alegría de las vacaciones y del juego interminable, éstas nunca han sido más que maldición para el hombre. Homero[1] las mencionó por primera vez en las Islas de los Lotos[2]. ¡Y como se recordará la tripulación se desmoralizó por completo!

No, definitivamente el trabajo implica más que el tener que recibir una paga. Por supuesto, hay trabajos más interesantes que otros. Seguramente que hay puestos que son más remunerativos que otros. Pero cuando uno compara el derecho a tener un trabajo con *no* tener ninguno, aceptará hasta los trabajos menos interesantes y peor pagados.

¿Sabías que una persona demente podría sanar, simplemente convenciéndola de que tiene algún propósito en la vida?

---

1. **Homero:** poeta griego semilegendario del siglo VIII A.C.

2. **Islas de los Lotos:** también la Tierra de los Lotos. En *La Odisea* de Homero, el héroe Ulises y su tripulación fueron arrastrados a la tierra de los comedores de lotos. Era gente que comía fruta de una planta que causaba que las personas perdieran la memoria sobre su casa o su familia. Ulises, tuvo que obligar a su tripulación a regresar al barco para poder partir.

Eso puede ocurrir. No importa cuán pequeño o artificial pueda ser el propósito, los dementes pueden sanar con sólo tenerlo. Recuerdo el caso de una joven demente por quien nada se podía hacer. Ese era precisamente su caso: nada se podía hacer *por ella*; pero una noche ocurrió un accidente automovilístico cerca del asilo; al verla por ahí, un doctor abrumado de trabajo le ordenó que hiciera algo por las víctimas. Ella sanó, se hizo enfermera y no volvió a estar demente a partir de eso.

Ahora bien, no se trata de insinuar que todos estamos dementes si no trabajamos, pero es sorprendente como tendemos hacia la locura cuando se nos prohíbe hacerlo.

Las grandes revoluciones ocurren por la incapacidad de las masas para trabajar. Las multitudes se rebelan, no porque estén disgustadas por los privilegios, según dicen siempre, sino porque al no tener trabajo, enloquecen. Es verdad que las revoluciones no pueden ocurrir cuando toda la gente tiene empleo, sin importar cuán arduamente trabajen. Las revoluciones ocurren cuando a la gente con mucha frecuencia se le ha prohibido trabajar; su locura aumenta y a menudo el Estado va a la ruina. *Ninguna* revolución ha ganado nunca nada. La vida evoluciona hacia mejores condiciones por medio del trabajo arduo, no mediante amenazas.

Si la maquinaria automática quitara el trabajo a un número suficiente de gente, habría una revolución, a pesar de que las máquinas estuvieran produciendo abundantemente. *¿Por qué?* Porque privando a la gente del trabajo se le privaría de un propósito en la vida. Cuando el propósito se acaba, se acaba todo.

No importa que el propósito sea bueno o malo, lo importante es que exista tal propósito. *¿Por qué?*

Bien, no pienses que nos hemos alejado demasiado del capítulo anterior, no ha sido así. Aquí tratamos de comprender la vida.

La vida tiene ciertos datos estables que *son* los datos estables del livingness. Una vez comprendidos, puede comprenderse la vida y esa parte de ella que se llama trabajo.

Básicamente, la vida es algo creado, pero tiene muchos elementos que están creando unos contra otros. Cuando dos o más cosas empiezan a crear, una en contra de la otra, ocurre una confusión. Así la vida, vista imparcialmente, puede parecer una confusión.

Si uno se situara en medio de todo este livingness, de toda esta creatividad, de toda esta contienda, sin ningún propósito, su existencia sería fatal. Ser parte de un universo, de una civilización y a pesar de ello no tener un propósito, es el camino a la locura.

La energía que se gasta, el ejercicio, el tiempo que se invierte, las cosas que se hacen, son todas de menor importancia. Con sólo tener *algo que hacer* y una *razón para hacerlo,* se ejerce un control sobre la vida misma. Si no tienes propósito, no tienes ventaja en lo más mínimo para llevar a cabo algo; es la primera partícula necesaria para hacer comprensible el todo. Así la vida puede volverse una carga terrible.

En los Estados Unidos y en otros países, ocurrió, en los años treinta, lo que se conoce como depresión. Sobrevino por una falta de comprensión de la economía durante un período de transición hacia la era de la maquinaria. Durante ella, un gran presidente vio que se le había negado el trabajo a su pueblo. Entonces creó trabajo. Pensaba que lo hacía para poner el dinero en circulación, para comprar todas las cosas que el país ahora podía producir, por lo tanto, no rescató verdaderamente al grueso del pueblo de la desesperación, ya que el trabajo que se les dio era para hacerse a la ligera, sin esmero. Todo lo que se exigía era pasar el tiempo en el trabajo. Tuvo una maravillosa oportunidad de convertir al país en algo hermoso, pero el trabajo que se proporcionó no tenía propósito.

Los hombres que detestan un trabajo u otro, lo detestan porque no pueden ver a donde va, ni pueden creer que estén haciendo algo importante. "Trabajan", es decir asisten, ejecutan algunos movimientos y reciben un sueldo. Pero no son verdaderamente parte del sistema y no consideran que tengan algo que ganar.

En nuestra civilización, el dato estable para la confusión de la existencia es el *trabajo* y el dato estable del trabajo es el propósito. Aún cuando el propósito sólo sea recibir un sueldo, sigue siendo un propósito.

Cualquiera de nosotros, probablemente podría hacer cosas más importantes que las que hace. Cualquiera de nosotros, podría hacer algunos cambios en sus labores, pero ninguno de nosotros podría estar sin algo que hacer y sin embargo permanecer vivo y cuerdo.

Cuando nos atemorizamos ante las circunstancias, es porque nuestro propósito, nuestro dato estable, ha sido invalidado.

Como hemos visto, es muy fácil hacer caer a una persona en un estado de confusión. Todo lo que hay que hacer es encontrar su dato estable en cualquier tema y sacudirlo. Esto es un truco que todos utilizamos. Por ejemplo, estamos discutiendo acerca de economía con un amigo y no estamos de acuerdo con él, le preguntamos que de donde tomó tal idea y nos contesta que fulano de tal la escribió en X publicación, atacamos al escritor o la publicación y la desacreditamos. En otras palabras, ganamos la discusión sacudiendo su dato estable en cuanto lo encontramos.

La vida es competitiva. Muchos de nosotros olvidamos que somos parte de un equipo llamado humanidad, en lucha por sobrevivir contra quien sabe qué. Atacamos al hombre y atacamos a nuestros amigos. En la lucha por conservar un trabajo, no parece sino natural que ocasionalmente dentro de la organización, haya gente tan insegura en su propio trabajo, que trate de esparcir la inseguridad a su alreador.

Habiéndose sumergido profundamente en la confusión, teniendo muy pocos datos estables, una persona puede empezar a dramatizar la confusión, a extenderla, a tratar conscientemente de hacer que todo y todos estén confusos. Uno de los blancos favoritos de tales personas es el dato estable del trabajo. Aunque esas personas no puedan hacer siquiera su propio trabajo, están muy ansiosas de que las demás se cansen de los suyos. "Reducen su competencia" minando el dato estable de los demás.

Hay que tener cuidado con esas personas que nos preguntan "compasivamente" por nuestra salud, porque parecemos "haber trabajado demasiado". Es más fácil "excederse en la holgazanería" que excederse en el trabajo. Hay que tener cuidado con esa gente que quiere que firmemos una petición para que se reduzcan las horas de trabajo. El resultado final de eso es quedarnos sin trabajo. Y hay que tener cuidado también con el compañero que explota a la compañía, porque ésta tiene posibilidades. Hay que recordar que la compañía es parte nuestra, no importa que mañana nos despidan. Esa gente está tratando de quitarnos el dato estable del trabajo.

Si alguien teme perder su trabajo, es porque ya sufre de muchas prohibiciones para trabajar. La única manera de conservar un trabajo es hacerlo cada día, crearlo y continuar creándolo. Si no deseamos crear y continuar creando ese trabajo, entonces debe haber algo que se opone al propósito. Hay algo que no concuerda entre lo que uno piensa que sería un buen propósito y el propósito de nuestro trabajo.

Los trabajos en el gobierno son un ejemplo interesante, porque con frecuencia a nadie parece importarle, realmente, si el trabajo tiene un propósito o no. Con mucha frecuencia el propósito de tener un trabajo en el gobierno es tan sólo tener un trabajo en el gobierno. Aquí en particular, tiene uno que entender la vida y el trabajo en sí, porque un trabajo en el gobierno tiene que crearse continuamente para que continúe. Y si parece no tener propósito entonces uno debería examinar al gobierno mismo y llegar a *su* propósito; porque el propósito del gobierno como un todo, sería en parte el mismo propósito de nuestro trabajo, no importa cuán pequeño pueda ser.

Todo aquél que padece de aversión por el trabajo, básicamente, debe tener un sentimiento de que realmente no se le permite trabajar. Y así el trabajo no es un dato estable en la vida y debe tener igualmente algún propósito opuesto respecto a los propósitos de su trabajo. Y además, por lo general, en su trabajo está asociado con gente que está tratando de convertirlo en una actividad desagradable. Pero hay que tenerle lástima, porqué es infeliz; es infeliz porque está confuso. ¿Por qué está confuso? Porque carece de un dato estable para su vida. Y un dato estable para la vida misma, es la base de un buen vivir y de una buena orientación en el trabajo.

4

El secreto de la eficiencia

4

El secreto de la eficiencia[1]

¿**Q**ué es el control?

Ya sea que uno maneje una máquina tan grande como un automóvil, tan pequeña como una máquina de escribir o hasta una pluma de contabilidad, uno se enfrenta con los problemas del control. Un objeto no es de utilidad para nadie si no se puede controlar. Así como una bailarina debe ser capaz de ejercer control sobre su cuerpo, también el que trabaja en una fábrica u oficina debe ser capaz de controlar su cuerpo, las máquinas con que trabaja y, hasta cierto grado, el ambiente que le rodea.

La diferencia principal entre el "empleado" de una oficina o fábrica y el ejecutivo, es que el ejecutivo controla mentes, cuerpos y colocación de comunicaciones, materias primas y productos, y el empleado controla principalmente sus herramientas inmediatas. Sin embargo, es muy fácil para aquellos que están ansiosos por agitar a los trabajadores hacia medidas no necesariamente buenas para ellos, y muy fácil para los ejecutivos ansiosos por controlar e inquietos por el control en sí, olvidar que el trabajador que no ejerce control sobre sus materiales de

---

1. **eficiencia:** el logro o la habilidad para ejecutar un trabajo con un mínimo de tiempo y esfuerzo.

trabajo y que es en sí sólo un factor controlado, es prácticamente inútil para la planta misma. Tanto la gerencia como los trabajadores deben ser capaces de controlar su ambiente inmediato. La diferencia más evidente entre un ejecutivo y un "trabajador", es que el ejecutivo controla una mayor cantidad de medio ambiente que el "trabajador". En tal medida, el ejecutivo tiene que ser más capaz que el "trabajador", si no lo hace, la planta o el negocio estarán condenados a tener dificultades e incluso al fracaso.

¿Qué es un buen trabajador? Aquél que puede ejercer control positivamente sobre el equipo o las herramientas de su oficio, o aquél que puede controlar las líneas de comunicación[2] con las que está íntimamente relacionado.

¿Qué es un mal trabajador? Un mal trabajador es aquél que es incapaz de controlar el equipo que se supone debe controlar o las líneas de comunicación[2] que se supone debe manejar.

La gente que desea controlar a otros, pero que no desea que los otros controlen nada, nos trae dificultades ya que con su actitud está estableciendo una falsedad. La falsedad consiste en que exista algo llamado "mal" control. El control se realiza bien o no se realiza. Si una persona está controlando algo, lo está controlando. Si lo está controlando deficientemente no lo está controlando. Una máquina que funciona bien, está bajo control. Una máquina que no funciona bien, no está bajo control. Por lo tanto puede verse que el mal control es en realidad una falta de control.

La gente que dice que el control es malo, está tratando de decir que los accidentes automovilísticos e industriales son buenos.

---

2. **línea de comunicación:** la ruta a través de la cual viaja una comunicación de una persona hacia otra; toda la secuencia por la que puede viajar cualquier clase de mensaje.

El *intento* de controlar con fines malos o encubiertos, es dañino y lleva en sí el ingrediente del desconocimiento. La persona que está *intentando* controlar, en realidad no está controlando. Simplemente busca controlar y sus esfuerzos son en su mayoría indefinidos e imprecisos; características que, por supuesto, el control, en sí, no tolera. Cuando se introduce desconocimiento en el control, éste puede volverse muy desagradable, pero no se convierte en una realidad. Si uno ha tratado alguna vez de controlar su coche en forma encubierta, entenderá lo que esto quiere decir. Si se maneja el volante en tal forma que el coche no "sepa" por dónde debe ir, pronto surgirán dificultades. Hay que manejar el volante de tal modo que el coche dé vuelta en las curvas y mantenga un curso recto si el camino es recto. No hay nada oculto en la intención de controlar el coche y no hay nada desconocido acerca de la respuesta del coche. Cuando un coche deja de responder al manejo del volante, el control ha dejado de existir.

En otras palabras, uno controla algo o no lo controla; si no lo controla, habremos desarrollado un término incorrecto. Habremos formado la idea de que existe el mal control.

La gente que ha sido "mal controlada", es decir, la que simplemente ha sido agitada, pero no controlada, empieza a creer que hay algo malo acerca del control, pero realmente no sabe lo que es el control, ya que de hecho no ha sido controlada.

Para tener una mejor comprensión de esto, se debe conocer uno de los principios más fundamentales de la Cienciología: la anatomía del control. En parte, este principio es el siguiente: el control puede subdividirse en tres partes. Estas partes son: *comenzar, cambiar y parar.*

Comenzar, cambiar y parar, también abarcan un ciclo de acción. El *ciclo de acción* se ve en el giro de una simple rueda. La rueda comienza a girar, después cualquiera de sus puntos cambia de posición y luego se detiene. La rueda sigue este curso de acción sin importar cuánto tiempo esté en movimiento. Un individuo al caminar una distancia corta, comienza, cambia la posición de su cuerpo y lo detiene. Si hace esto, habrá completado un ciclo de acción. En un período mayor, una compañía comienza, continúa y un día, tarde o temprano, deja de existir. El cambio puede ser de posición en el espacio o de existencia en el tiempo. Al comenzar hemos sencillamente iniciado y al parar hemos sencillamente parado. Las cosas pueden iniciarse lenta o rápidamente, pueden pararse lenta o rápidamente, pueden cambiar muy rápido mientras están en movimiento. De este modo, la velocidad del inicio, la velocidad del cambio y la velocidad del paro, poco tienen que ver con el hecho de que el ciclo de acción efectivamente consiste en comenzar, cambiar y parar.

Los antiguos se referían a este ciclo de acción de una manera más detallada. Encontramos que los Himnos Védicos[3] hablan de este ciclo de acción así: primero existe el caos, después emerge algo del caos y puede decirse que ha nacido, crece, persiste, decae, muere y sobreviene el caos. Aun cuando esto es en esencia una afirmación inexacta, es el ejemplo más antiguo de un ciclo de acción.

Un ejemplo moderno de un ciclo de acción en Cienciología se expresa de manera mucho más simple y más precisa. Un ciclo de acción es: comenzar, cambiar y parar. Este se compara a otro ciclo de acción que es el de la vida en sí. El ciclo de acción de la vida es: *creación, supervivencia* y *destrucción*. Podría decirse que la supervivencia es cualquier cambio, ya sea en tamaño, en edad o en posición en el espacio. La esencia de la supervivencia es

---

3. **Himnos Védicos:** las escrituras más antiguas del hinduismo. Himnos religiosos que son prácticamente el material o conocimiento más antiguo que se conoce aquí, en la Tierra, en forma de información.

el cambio. Por supuesto, la creación es comenzar y la destrucción es parar. Así, tenemos en Cienciología dos ciclos de acción muy útiles, el primero de los cuales es: comenzar, cambiar y parar y el otro más detallado es: crear, sobrevivir, destruir.

Comenzar, cambiar y parar implican las condiciones de un ser o de un objeto. Crear, sobrevivir y destruir implican la intención de la vida hacia los objetos.

El control consiste en su totalidad de comenzar, cambiar y parar. No hay otros factores en el control positivo. Si uno puede comenzar algo, cambiar su posición en el espacio o su existencia en el tiempo y pararlo, todo ello a voluntad, puede decirse que lo controla, cualquier cosa que ésto sea. Si uno apenas puede arreglárselas para comenzar algo, sólo con dificultad puede continuar su cambio de posición en el espacio o de existencia en el tiempo, y sólo dudosamente puede pararlo, no puede decirse que lo controle bien y para nuestros propósitos podría decirse que lo está controlando en forma insatisfactoria o peligrosa. Si uno no puede comenzar algo, si no puede cambiar su posición en el espacio, si no puede pararlo, entonces definitivamente no está ejerciendo control sobre ello. Si uno está tratando de comenzar, cambiar y parar algo o a alguien sin lograrlo efectivamente, habrá introducido desconocimiento dentro de la actividad y el resultado será incierto, por no decir algo peor.

Existe pues, el buen control. El buen control consiste en conocimiento y efectividad. Podría decirse que una secretaria que puede comenzar a accionar una máquina de escribir, continuar su movimiento y luego pararla, tiene control sobre ésta. Si tuvo dificultades para comenzar su funcionamiento, continuar su acción y pararla, no sólo ejercería "mal control" sobre la máquina de escribir, sino que sería una mala mecanógrafa.

Cuando se introduce el "mal control", también se introducen la incompetencia, los accidentes, las dificultades, la desobediencia y la ineficiencia, así como también bastante sufrimiento e infelicidad. Al definir el mal control como falta de control o como un intento de controlar sin saberlo, lo cual no da como resultado control efectivo, puede decirse que la inefectividad acarrea muchísimas dificultades.

Para dar una idea del alcance de esto en la vida, concibe la idea de ser dirigido por alguien dentro de una habitación. Esta persona te diría que fueras hacia el escritorio, luego te diría que fueras hacia la silla, luego te diría que fueras hacia la puerta. Cada vez que te dijera que fueras a algún lado, tú, desde luego, tendrías que comenzar y cambiar la posición de tu cuerpo y pararte. Ahora bien, aunque parezca extraño, no tendrías inconveniente en hacer esto, si supieras que alguien te estaba diciendo que lo hicieras y fueras capaz de ejecutar la acción y no estuvieras recibiendo órdenes de tal manera que interrumpieran tu obediencia de la orden anterior antes de completarla. Digamos, por ejemplo, que alguien te dijera que fueras hacia el escritorio, pero antes de llegar al escritorio te dijera que fueras hacia la silla y antes de llegar a la silla te dijera que fueras a la puerta y luego afirmara que te habías equivocado por no haber llegado al escritorio. Estarías, en ese momento, confundido. Esto sería "mal control" ya que no te permite terminar un ciclo de acción antes de que se te exija otro. Así, tus ciclos de acción se vuelven complicados y resulta una confusión. Pero esto, en esencia, no sería control ya que el control debe implicar efectividad comprensible o conocida. Con buen control no se cambiaría la orden antes de que tuvieras la oportunidad de llegar al escritorio. Se te permitiría llegar al escritorio antes de que se te pidiera ir a la silla. Se te permitiría llegar a la silla antes de que se te pidiera ir hacia la puerta. No tendrías inconveniente respecto al control positivo, pero ciertamente te molestaría bastante la sucesión desorganizada de órdenes que no te permitieran concluir ningún ciclo de acción. Ahora bien, para dar una idea de cómo podría influir esto en tu vida, ¿a quién escogerías para que te diera una serie de órdenes de moverte por la habitación, como las del ejemplo anterior? ¿A tu padre o a tu madre? Es evidente que tuviste más dificultades con el que no escogerías para que te diera esas órdenes.

El control está tan lejos de ser malo, que una persona cuerda y en muy buen estado no resiente el control bueno y positivo, y ella misma es capaz de administrar control bueno y positivo a personas y objetos. Una persona que no está en muy buenas condiciones, resiente aun las indicaciones más simples y en realidad no es capaz de controlar personas ni objetos. Esta persona también es ineficiente y tiene muchas dificultades con el trabajo y en la vida.

Cuando una persona no puede controlar las cosas o cuando se resiste a que las cosas la controlen, se mete en dificultades, no sólo con la gente, sino también con los objetos. Es manifiesto además que la gente con dificultades de control se enferma más fácilmente y fracasa en otros aspectos.

Cuando una persona es incapaz de controlar una máquina, con frecuencia ocurre que la máquina invierte la situación y empieza a controlar a la persona. Por ejemplo, un conductor que no puede ejercer control positivo sobre un automóvil, es muy probable que finalmente sea controlado por ese automóvil. En lugar de que el conductor conduzca un automóvil por la calle, ocurre que el automóvil conduce al "conductor", y no siendo el automóvil muy experto en control, tarde o temprano meterá a su conductor en una zanja.

Incluso las averías mecánicas pueden atribuirse a la falta de control. Se descubrirá que el individuo que no puede controlar una máquina con facilidad muy probablemente experimentará considerables dificultades con esa máquina. La máquina en sí se daña, a veces de manera casi inexplicable. Los motores funcionan para ciertas personas y no para otras. Algunas máquinas funcionan por años en manos de un mecánico, pero cuando éste las deja y otro que no es experto ocupa su lugar, la máquina fallará y tendrá problemas que nunca antes tuvo. Exagerando las cosas un poco, podríamos llegar a decir que una persona que no puede controlar cosas sólo necesita mirar una máquina para descomponerla, y más aún, se han registrado casos de que esto ha ocurrido. El factor involucrado en esto se comprende más fácilmente, por ejemplo, en un departamento de contabilidad. Desde luego, una persona que no puede controlar números, tarde o temprano enredará los libros que tiene a su cargo, de manera tan complicada que ni siquiera un contador experto los puede ordenar.

El ciclo de acción de este universo es comenzar, cambiar y parar. Esto es también la anatomía del control. Casi la totalidad del tema del control se reduce a la habilidad de comenzar, cambiar y parar nuestras actividades, nuestro cuerpo y nuestro entorno.

Un hábito es simplemente algo que uno no puede parar. Aquí tenemos un ejemplo de ausencia absoluta de control y un paso más allá tenemos el punto extremo de control totalmente perdido. El control empieza a disminuir cuando alguien es capaz de cambiar y parar cosas, pero ya no es capaz de iniciarlas. Una vez iniciado algo, tal persona puede cambiarlo y pararlo. Una disminución adicional del control, si así puede llamarse, sería la pérdida de la habilidad para cambiar algo o continuar su existencia en el tiempo. Esto le dejaría a uno simplemente con la habilidad de parar las cosas. Cuando finalmente se pierde la habilidad de parar algo, esto hasta cierto punto, se convierte en su amo.

En el *parar* de comenzar, cambiar y parar, vemos en esencia la totalidad del dato estable. Si uno puede detener tan sólo una partícula o dato en una confusión de partículas o datos, habrá empezado a controlar esa confusión. En el caso de una avalancha de llamadas que llegan a un conmutador en forma simultánea, cada una exigiendo insistentemente la atención de la operadora, el control se lleva a cabo cuando la operadora para una sola llamada. No importa cuál en particular. El manejar una sola llamada le permite después manejar otra y luego otra hasta cambiar la condición del conmutador de una confusión total a una situación solucionada. Uno se siente confuso cuando no hay nada en una situación que uno pueda parar. Cuando uno puede parar por lo menos una cosa, encuentra entonces que es posible parar otras y finalmente recuperará la habilidad de cambiar ciertos factores en la situación. A partir de ello, uno aumenta su habilidad para cambiar cualquier aspecto de la situación y finalmente es capaz de comenzar alguna línea de acción.

Así pues, encontramos que el control está ligado muy íntimamente a la confusión. Un trabajador que se confunde con facilidad, es un trabajador que no puede controlar las cosas. Un ejecutivo que se pone frenético ante una emergencia, es un ejecutivo que aun en momentos en que todo marcha bien no considera tener ninguna habilidad para realmente comenzar, cambiar y parar situaciones en las que se ve involucrado como ejecutivo.

El ponerse frenético, la impotencia, la incompetencia, la ineficiencia y otros factores indeseados del trabajo, provienen de incapacidades para comenzar, cambiar y parar las cosas.

Digamos que una fábrica tiene un buen gerente. El gerente puede comenzar, cambiar y parar las diversas actividades en que se ve envuelta la fábrica; puede comenzar, cambiar y parar las diversas máquinas que hay en la planta; puede comenzar, cambiar y parar las materias primas y los productos de la fábrica y puede comenzar, cambiar y parar las diversas actividades o dificultades laborales. Pero, digamos que esta planta tiene la desgracia de contar solamente con una persona que puede comenzar, cambiar y parar las cosas. A menos que el ejecutivo fuera él solo a manejar todas las materias primas que se reciben, a poner a funcionar y a parar toda la maquinaria, a procesar todos los materiales y a embarcar todo el producto terminado, sería incapaz de dirigir la planta. De manera similar, un gerente de oficina que puede comenzar, cambiar y parar o manejar por sí mismo cualesquiera de las actividades de una oficina, sería realmente impotente para dirigir una oficina muy grande, si fuera el único que pudiera hacerlo.

Entonces, en una fábrica o en una oficina es necesario que el ejecutivo, no importa cuan competente sea, esté apoyado por subordinados que estén dispuestos no sólo a que el gerente los comience, cambie y pare sino que también puedan comenzar, cambiar y parar las actividades o al personal que se encuentre en su ambiente inmediato dentro de la planta.

Si hubiera un buen ejecutivo en una planta u oficina, así como buenos subordinados, (definiendo por bueno, el que tengan la habilidad de comenzar, cambiar y parar las cosas), tendríamos todavía dificultades si al llegar a la parte inferior del organigrama descubriéramos que carecíamos de trabajadores capaces por sí mismos de comenzar, cambiar y parar su propio trabajo. Tendríamos aquí una situación en la que el ejecutivo y el supervisor se verían obligados a hacer todo lo que se hace en la planta. Para tener realmente una buena planta, tendríamos que contar con ejecutivos, jefes y trabajadores, todos ellos capaces, dentro de su medio, de comenzar, cambiar y parar las cosas y que al mismo tiempo no se mostraran renuentes (incluso los ejecutivos) a que se les iniciara, cambiara y parara en sus deberes, siempre y cuando se emplearan órdenes definitivas y comprensibles.

Al examinar esto, se diluye cada vez más la imagen que se nos ha presentado uniformemente en las plantas y en las oficinas, de la "gerencia" y los "trabajadores". Tan pronto como descubrieramos un trabajador en una planta que no tuviera que comenzar, cambiar o pararse a sí mismo o cualquier otra cosa, tenemos entonces a alguien que justificaría el título de "trabajador". Es evidente que desde el más alto miembro de la junta directiva hasta el último trabajador de la nómina, están todos y cada uno de ellos involucrados en comenzar, cambiar y parar personas, materiales, maquinaria, productos y objetos del entorno. En otras palabras, todos y cada uno de los que están presentes en una fábrica o en una oficina, están realmente manejando algo. Tan pronto como un ejecutivo se da cuenta de esto, es entonces capaz de dirigir con mucha mayor eficiencia la empresa, ya que es capaz de seleccionar entre su gente a aquellos que destacan en su habilidad de comenzar, cambiar y parar cosas, y éstos, siguiendo el ejemplo, a su vez pueden llevar a otros a un estado mental en el que estén dispuestos a comenzar, cambiar y parar definitivamente las cosas.

Sin embargo, actualmente entre los ejecutivos, jefes y trabajadores hay gente que está atorada exclusivamente en uno u otro de los factores del control o que es incapaz de ejecutar cualesquiera de los factores del control. Así tenemos en cualquier fábrica u oficina, negocio o actividad, incluso en el gobierno, una cantidad de confusión considerable que no estaría presente si la gente allí fuera capaz de controlar lo que se supone debe controlar.

En el mundo ordinario tenemos personas, ya sean gerentes o conserjes que están, por decirlo así, atorados en comenzar. Estas personas pueden comenzar todo el día y toda la noche, pero nunca avanzan. Hablan de grandes proyectos y grandes negocios; hablan con entusiasmo de avanzar, pero nunca parecen moverse.

Otros, no importa cuál sea su clase o clasificación, están atorados en cambiar. Generalmente lo manifiestan al insistir en que "todo siga funcionando". Siempre hablan de "mantener las cosas en marcha", pero no escuchan nuevas ideas, ni aceptan ninguna maquinaria nueva, puesto que ello requeriría parar cierta maquinaria vieja y empezar a operar la nueva. Por esta razón existen plantas y sistemas anticuados que continúan trabajando por siempre, mucho más allá de su provecho o valor económico. Una subdivisión de esto es la persona que siempre tiene que cambiarlo todo. Esta es, en realidad, otra manifestación de tratar de mantener las cosas funcionando, pero en lugar de mantener las cosas funcionando, este tipo de personas cambia continuamente todo lo que puede. Si se emite una orden, la cambian. Si reciben instrucciones de avanzar, las cambian a detenerse; pero esto, como se verá, es una condición desequilibrada, en la que estas personas en realidad no están dispuestas a mantener algo en marcha, sino que están en un parar obsesivo[4].

Plantas, negocios, fábricas, barcos y hasta el gobierno, son víctimas particularmente de gente que sólo puede parar cosas. Sin importar lo bien que esté funcionando una unidad, se emite alguna orden que para lo que se está haciendo. Basta que esa gente descubra que algo va a funcionar para provocar algo que lo detenga. Generalmente se evita que esto ocurra, no informando a esa gente que algo está funcionando.

Así pues, vemos que hay personas que abusan del ciclo de acción de comenzar, cambiar y parar, y que están atoradas en uno u otro factor del ciclo de acción o son incapaces de soportar alguno de sus factores, lo cual significa que, por supuesto, se encuentran en una confusión continua y ardua.

Vale la pena mencionar que la gente que sólo puede iniciar cosas, generalmente es creativa. Se considera que el artista, el escritor, el diseñador, comienza cosas. Podría ser capaz de continuarlas o pararlas, pero su función más pura es la creación.

---

4. **obsesivo:** que tiene que ver con un impulso persistente que una persona no puede controlar.

Entre la gente de provecho y muy racional, se encuentran aquellos cuya mayor habilidad es continuar las cosas. Pueden también comenzarlas y pararlas, si realmente pueden continuarlas. Es de estos hombres de quienes dependemos para la supervivencia de un negocio o empresa.

Después tenemos a aquellos que la sociedad emplea para parar cosas. Tales personas normalmente tienen una función policíaca. Ciertas cosas se declaran malas y tales cosas se pasan a personas que las detienen. La producción imperfecta es detenida por inspectores. El soborno, la corrupción o el crimen son detenidos por la policía. Las personas que agreden a la nación son paradas por el ejército. Y no es motivo de sorpresa que estos especialistas en parar también estén especializados en destruir. No debería causar sorpresa el que cuando uno mira al elemento más perjudicial para la sociedad, busca a aquellos cuyo trabajo es especializarse en parar. Por lo general, esta gente, aunque cumple una función muy conveniente para la sociedad en su conjunto, si llegase a tomar todo el mando como en un estado totalitario, destruiría al estado y a su pueblo como se ha observado desde los tiempos de Napoleón[5]. La nación que más recientemente entregó toda la función del estado a la policía fue Alemania y fue detenida completamente. Además, Alemania no causó otro efecto que destrucción.

Cuando una sociedad es muy efectiva para comenzar, tenemos una sociedad creativa. Cuando una sociedad es muy efectiva para mantener las cosas funcionando, tenemos una sociedad que perdura. Cuando una sociedad sólo es capaz de parar las cosas, tenemos una sociedad destructiva o que se destruye a sí misma. Por lo tanto, debemos darnos cuenta de

---

5. **Napoleón Bonaparte:** (1769-1821) Líder militar francés. Ascendió al poder en Francia mediante la fuerza militar, se declaró a sí mismo emperador y dirigió campañas de conquista a través de Europa, hasta su derrota final por parte de los ejércitos aliados en su contra, en 1815.

---

que es necesario un equilibrio entre estos tres factores, comenzar, cambiar y parar, no sólo en un individuo, sino en un negocio y no sólo en un negocio, sino en una nación. Cuando uno sólo puede hacer uno de estos factores, su provecho estará considerablemente limitado. La condición óptima sería que todos, desde el director hasta el conserje, fueran capaces de comenzar, cambiar y parar, y que pudieran tolerar que se les comenzara, cambiara y parara. De esta forma se tendría una actividad empresarial equilibrada y relativamente libre de confusión.

Ningún negocio puede tener éxito a menos que se le haya comenzado debidamente, a menos que esté progresando a través del tiempo o cambiando su posición en el espacio y a menos que sea capaz de parar actividades perjudiciales e incluso a los competidores.

Lo mismo que ocurre con una nación o con un negocio, ocurre con el individuo que sólo tiene un trabajo. Debe ser capaz de comenzar, cambiar y parar cualquier cosa que esté bajo su control inmediato. Si está operando una máquina, debe ser capaz de ponerla en marcha, mantenerla funcionando (cambiar) y pararla por su propia determinación. Su máquina no debe ser puesta en marcha por algún otro mecánico, ni detenida durante cierto período del día sin ninguna atención de su parte. Además, si él considera que la máquina debe desarmarse y lubricarse, debe tener la autoridad para hacerlo y no tener que soportar las quejas de algún capataz que, sin comprender la situación, simplemente observó que una máquina se detuvo y según su criterio debería estar operando.

Incluso un conserje, para ser eficaz en su trabajo y mantener limpias las oficinas o la planta, debe ser capaz de comenzar, cambiar y parar los diversos objetos relacionados con su trabajo en particular. No debe continuar barriendo una vez que el piso está limpio, ni debe dejar de barrer antes de que lo haya limpiado y debe ser capaz de comenzar su trabajo cuando considere que el piso debe barrerse. Naturalmente, si es capaz de hacer todo esto, también será capaz de cooperar con sus compañeros de trabajo y permitir que se le pare, comience o cambie en su actividad, con el fin de llevar a cabo su trabajo y al mismo tiempo hacer posible que los demás realicen los suyos.

Aquí, no obstante, concebimos una nación, una fábrica, una oficina o una pequeña sección de un departamento funcionando sin supervisión alguna, aunque hubiera ejecutivos, jefes y trabajadores. Dudamos que alguien ocupe mucho de su tiempo supervisando a otros. Se descubrirá que la supervisión entra en escena conforme declina la habilidad del trabajador, jefe y ejecutivo para comenzar, cambiar y parar las cosas que debería manejar y controlar. Cuanto menos capaz sea la gente para comenzar, cambiar y parar a las personas o los objetos bajo su control inmediato, tanto mayor será la supervisión que necesiten. Cuando la supervisión llega al 80 por ciento de las actividades de la planta, es seguro que la confusión será tan grande, y la ineficiencia de tal magnitud que llegará a arruinar la actividad.

La supervisión es, en realidad, una crítica al subalterno. Presupone que el subalterno no sabe o no tiene capacidad en el campo del control.

La cooperación y la coordinación de una actividad son distintas a la supervisión. Cuando uno tiene una cadena de mando no necesariamente tiene supervisión. Sin embargo, uno *tiene* una planeación coordinada para la operación completa, la cual se transmite al resto de los que participan en la operación, de forma que pueda existir coordinación. Si todos estuvieran de acuerdo en la utilidad de cierta actividad y si todos en esa actividad fueran capaces de controlar realmente los elementos o a las personas que estuvieran dentro de su esfera inmediata de acción, se encontraría que la planeación no tendría que incluir mucha supervisión para lograr la ejecución de las ideas involucradas. Este es un sueño de categoría muy elevada. Sólo donde la Cienciología se ha aplicado a fondo, puede ocurrir lo siguiente: que una organización pueda funcionar de común acuerdo, sin supervisión ni castigos.

Uno puede valorar a los trabajadores que le rodean por la cantidad de confusión en la que se encuentran. Esa confusión le indica a uno inmediatamente el grado de inhabilidad para controlar las cosas. Tal inhabilidad puede no ser del todo culpa del trabajador. Existen dos cosas que pueden ser psicóticas: una es el entorno y la otra es la persona. Un hombre cuerdo tiene dificultades en un medio demente. Un hombre demente tiene problemas aun en el medio más cuerdo y ordenado. Entonces hay dos factores implicados en cualquier actividad: la persona y el medio. También podría decirse que hay dos factores implicados en cualquier empresa: el medio del negocio en sí y el negocio. Una empresa cuerda que trata de operar en un mundo de locos, tendrá gran dificultad para avanzar. De una manera u otra, la incapacidad de los dementes para comenzar, cambiar y parar las cosas infectaría la actividad y deterioraría su eficiencia.

Por lo tanto, no es suficiente que un individuo sea capaz de controlar su trabajo. También debe ser capaz de tolerar la confusión de los que le rodean, quienes no pueden controlar su trabajo, o debe ser capaz de tolerar un control cuerdo y constante de quienes le rodean.

La demencia es contagiosa. La confusión es contagiosa. ¿Has hablado alguna vez con un hombre confuso sin que al final de la conversación te sintieras un poco confundido? Lo mismo pasa en el trabajo. Si uno está trabajando con muchas personas incapaces, uno mismo empieza a sentirse incapaz. No digamos vivir solo; es imposible trabajar solo. Al darse cuenta de esto, uno comprende también que su habilidad para controlar la maquinaria o las herramientas inmediatas de trabajo con las que está involucrado, incluiría también la habilidad para ayudar a otros a su alrededor a controlar las cosas con las que están involucrados.

Muchas fábricas han perdido buenos trabajadores que no podían llevar a cabo su trabajo de manera que se sintieran satisfechos; se enfrentaron a tantos elementos y órdenes confusas, que finalmente se rebelaron. Así se echan a perder los buenos trabajadores. En cualquier departamento es posible identificar a quienes echan a perder a los buenos trabajadores. Son aquellos que no pueden comenzar, cambiar y parar cosas tales como la comunicación o la maquinaria y son los más susceptibles de confundirse y ponerse frenéticos. Son los que prefieren arrojar las soluciones al basurero y poner los problemas en el tablero de avisos.

¿Qué podría hacer uno si estuviera rodeado de gente confusa e incapaz de comenzar, cambiar y parar sus diversas actividades? Tendría que capacitarse lo suficiente en su trabajo como para constituirse en buen ejemplo para los demás y ser, por consiguiente, un dato estable para la confusión en esa área. Podría aun hacer algo más. Podría comprender cómo manejar a los demás y, comprendiendo esto, podría introducir orden en sus mentes y actividades para impedir sus incapacidades, ya que éstas podrían afectarle. Pero para lograr esto último, tendría que saber mucho acerca de Cienciología y sus diversos principios, que llegan más allá del alcance de este libro en particular.

Para el trabajador individual que desea hacer un buen trabajo, continuar teniéndolo y progresar, es casi suficiente con que entienda su trabajo a fondo de manera que ninguna parte de éste le confunda y así pueda comenzar, cambiar o parar cualquier cosa que esté relacionada con ese trabajo y que él mismo pueda tolerar que sus superiores lo comiencen, cambien y paren sin incomodarse. En otras palabras, la mayor ventaja y el mejor seguro de trabajo que podría tener un trabajador, sería una tranquilidad mental con respecto a lo que está haciendo. La tranquilidad mental se deriva de la habilidad para comenzar, cambiar y parar los objetos y actividades con que uno está involucrado y la capacidad de que otros lo comiencen, lo cambien y lo paren sin llegar a estar tan confuso como lo están ellas.

Así, el secreto de realizar un buen trabajo, es el secreto del control en sí. Uno no sólo continúa creando un trabajo día tras día, semana tras semana, mes tras mes, sino que continúa el trabajo permitiendo que progrese y también es capaz de parar o concluir cualquier ciclo de trabajo y dejar que quede concluido.

Con frecuencia, los trabajadores son víctimas de jefes, subalternos, o cónyuges que no son capaces de controlar nada, quienes a su vez no serán controlados y que además están obsesionados[6] de manera peculiar con la idea del control. Un trabajador que está íntimamente relacionado con algo que no puede controlar, lo cual es de hecho incapaz de controlarlo a él, realizará su trabajo en un estado de confusión que sólo le acarreará dificultades y fastidio hacia el trabajo en sí.

Podría decirse que lo único malo del trabajo es que con frecuencia esté tan relacionado con inhabilidades para controlar. Cuando estas incapacidades están presentes, entonces el trabajo parece pesado, arduo y carente de interés, y uno preferiría hacer cualquier otra cosa que continuar con esa labor en particular. Hay muchas soluciones para esto. La primera es recuperar el control de los elementos o funciones con las que uno está más íntimamente ligado en la ejecución de su trabajo.

6. **obsesionado:** perseguido u hostigado mentalmente; con gran preocupación.

No obstante, el control en sí no es la respuesta absoluta para todo, pues de ser así, uno tendría que ser capaz de controlarlo todo, no solamente en su propio trabajo, sino en cualquier oficina o en la Tierra, para poder ser feliz. Al examinar el control, descubrimos que los límites de éste deben abarcar únicamente la verdadera esfera de acción del individuo. Cuando alguien trata de extender el control más allá de su interés activo en el trabajo o en la vida, encuentra dificultad. Por lo tanto existe un límite para el "área de control", el cual, si se viola, viola muchas otras cosas. Es casi una máxima[7] que si un individuo trata continuamente de funcionar fuera de su departamento descuidará su propio departamento. De hecho, en las organizaciones de Cienciología se ha descubierto que la persona que continuamente se ocupa de cosas que están fuera de su área de interés, no está atendiendo su propia área de interés. Evidentemente, existe otro factor además del control. Este factor es el consentimiento a no controlar y es tan importante como el control en sí.

---

7. **máxima:** una regla de conducta o un principio expresado en forma concisa, o la declaración de una verdad general.

5

La Vida como un Juego

5

La Vida como un Juego

Es evidente que si alguien controlara todo, no tendría juego. No habría factores impredecibles ni sorpresas en la vida y podría decirse que eso sería un infierno de gran magnitud.

Si uno pudiera controlar absolutamente todo, sería capaz de predecir absolutamente todo. Si pudiera predecir el curso y la acción de cada movimiento en toda la existencia, desde luego no tendría ningún interés real en ello.

Hemos visto ya la necesidad de controlar los objetos inmediatos del trabajo, pero recuérdese que es necesario, si uno controla estos objetos inmediatos, tener otros objetos o ambientes en los que uno no controle nada. ¿Por qué es esto?

Se debe a que la vida es un *juego*.

La palabra juego se usa aquí deliberadamente[1]. Cuando uno está abismado en la lucha a veces titánica por la existencia, se inclina a dar poca importancia al hecho de que existe alegría en el vivir; se inclina a dudar que la diversión exista. Efectivamente, cuando la gente llega a los treinta años ciertamente empieza a preguntarse qué sucedió con su niñez cuando

---

1. **deliberadamente:** con la debida consideración. Voluntario, intencionado, hecho a propósito.

---

podía disfrutar de las cosas realmente. Uno empieza a preguntarse si el placer de vivir no es en sí una especie de trampa, y comienza a creer que no es bueno llegar a interesarse demasiado por nuevas personas y en nuevas cosas, ya que sólo conducirá a desengaños. Hay hombres que han decidido, en vista del hecho de que la pérdida trae tanto dolor, que más vale no adquirir nada. Es mucho mejor, según estas personas, llevar una vida de privación[2] regular, que vivir una vida de gran lujo, ya que si perdieran lo que poseen, el dolor sería mucho menor.

Sin embargo, la vida es un juego. Es muy fácil ver un juego en términos de cricket[3] o fútbol, pero no es tan fácil ver la vida como un juego cuando uno se ve obligado a levantarse antes de que salga el sol y llegar a casa sólo después de que se pone, tras un día de ardua y relativamente ingrata labor. Es probable que uno alegue que tal actividad jamás podría ser un juego. Sin embargo, es evidente en varios experimentos realizados en Cienciología, que la vida, sin importar su tono emocional[4] o la ausencia de éste, es esencialmente un juego y que los elementos de la vida misma son los elementos de los juegos.

Todo trabajo es un juego.

Un juego consiste en libertades, barreras y propósitos. En los juegos están involucrados muchos otros factores complicados, pero todos están enumerados en Cienciología.

El primero de ellos es la necesidad de tener un oponente o un enemigo. También existe la necesidad de tener problemas. Otra necesidad es la de tener suficiente individualidad para

---

2. **privación:** falta en las necesidades o comodidades ordinarias de la vida.

3. **cricket:** juego de pelota de origen inglés que se practica con paletas de madera.

4. **tono emocional:** la condición general de un individuo. Un nivel de emoción tal como se describe en la Escala de Tono: *ver también* **Escala de Tono** en el glosario.

---

hacer frente a una situación. Así pues, para vivir la vida plenamente, uno debe tener, además de "algo que hacer", un propósito superior; y este propósito, para ser verdaderamente un propósito, debe tener propósitos contrarios o propósitos que impidan su realización. Uno debe tener personalidades que se opongan a sus actividades o propósitos y si carece de ellas, es seguro que las inventará.

Esto último es muy importante. Si a una persona le faltan problemas, oponentes y propósitos contrarios, *los inventará*. En esencia, tenemos aquí la totalidad de la aberración[5]. Pero más íntimamente ligado a nuestros propósitos, tenemos las dificultades que surgen del trabajo.

Si hubiera un jefe que controlara hábilmente todo dentro de su área y no hiciera más que eso, si él no estuviera completamente equilibrado en el aspecto mental en todos sentidos, (es decir, si fuera humano), encontraríamos a dicho jefe inventando personalidades para los trabajadores bajo su mando y razones por las que se oponen a él, así como verdaderas oposiciones. Lo encontraríamos escogiendo a uno o más de sus trabajadores para castigarlos, según él con muy buena razón, pero en realidad sin más razón que su necesidad de tener oponentes en forma obsesiva. En el antiguo análisis mental se encuentran clasificaciones muy complejas relacionadas con esto, pero no es necesario examinarlas. Lo cierto es que el hombre debe tener un

---

5. **aberración:** una desviación con respecto al pensamiento o comportamiento racional. Del latín, *aberrare*, desviarse; *ab*, lejos, *errare*, andar errante. Básicamente significa errar, cometer equivocaciones, o en forma más específica, tener ideas fijas que no son verdaderas. La palabra se usa también en su sentido científico. Significa desviarse de una línea recta. Si una línea debe ir de A a B, si está "aberrada" entonces irá de A a algún otro punto, a algún otro punto, a algún otro punto, a algún otro punto y finalmente llegará a B. Tomada en su sentido científico, significaría también la falta de rectitud o el ver torcidamente, por ejemplo, un hombre ve un caballo pero piensa que ve un elefante. La conducta aberrada sería una conducta equivocada o una conducta no apoyada por la razón. La aberración se opone a la cordura, que sería su opuesto.

juego y si no lo tiene, creará uno. Si ese hombre está aberrado y no es del todo competente, creará un juego intensamente aberrado.

Cuando un ejecutivo encuentra que todo marcha demasiado bien en su proximidad inmediata, salvo que se encuentre en muy buen estado mental, es probable que cause alguna dificultad sólo por tener algo que hacer. Así tenemos que la gerencia supone, a menudo, sin fundamento en hechos, que los trabajadores están contra ella. De manera similar, en ocasiones encontramos que los trabajadores están seguros de que la gerencia, que de hecho es muy competente, está en contra de ellos. Aquí hemos inventado un juego, donde realmente no puede haber ninguno.

Cuando los hombres se vuelven bastante miopes[6], no pueden en verdad ver más allá de su propio entorno. En toda oficina, planta o negocio, existe el juego de esa oficina, planta o actividad, en contra de sus competidores y en contra de su ambiente externo. Si dicha oficina, planta, o actividad y todo su personal se conducen sobre bases totalmente racionales y efectivas, escogerán al mundo exterior y a otras compañías rivales para su juego. Si no están en un estado o condición normal y no son capaces de ver el verdadero juego, inventarán uno y lo empezarán a jugar dentro de la oficina y dentro de la planta.

Al jugar juegos, existen individuos y equipos. Los equipos juegan contra equipos y los individuos contra individuos. Cuando a un individuo no se le permite ser totalmente parte del equipo, es probable que escoja como oponentes a otros miembros de su equipo, pues hay que recordar que el hombre *debe* tener un juego.

---

6. **miope:** corto de vista.

A partir de todas estas complejidades, surjen las diversas complicaciones del trabajo y los problemas de la producción y la comunicación.

Si cada persona en un planta fuera capaz de controlar su propia esfera de interés dentro de la planta, si cada persona estuviera haciendo su trabajo, en realidad no estaría ausente el juego, puesto que hay otras plantas y otras actividades en el mundo exterior que siempre proporcionan suficiente juego para cualquier organización racional. Supongamos que la gente en una organización no puede controlar su propia esfera, no puede controlar sus propias actividades, y está tratando obsesivamente de crear juegos aberrados a su alrededor. Entonces tendremos una condición por la cual la planta, oficina o empresa no será capaz de dominar efectivamente su entorno y tendrá una producción deficiente, si es que no se colapsa.

Aberrada o no, competente o no, recuérdese que la vida es un juego, y el lema de cualquier individuo o equipo viviente es: "*Debe* existir un juego". Si los individuos están en buenas condiciones físicas y mentales, realmente jugarán el juego que sea fácil y evidente. Si no están en buenas condiciones y son incapaces de controlar su entorno inmediato, empezarán a jugar juegos con sus herramientas. Aquí el operario encontrará que repentinamente su maquinaria es incapaz de producir. No tenemos que ir tan lejos como para decir que realmente romperá la máquina para poder tener un juego con ella, sino que se mantendrá continuamente en un estado de furia moderada respecto a ella. Un contador, incapaz de controlar las herramientas inmediatas de su actividad y siendo inepto en ella, empezará a jugar un juego con sus propios números y fracasará en obtener balances. Su máquina sumadora se descompondrá, perderá sus papeles y le ocurrirán otras cosas enfrente de sus narices que nunca deberían suceder, y si se encontrara en buena forma y pudiera jugar el verdadero juego de llevar las cuentas y las cifras de la gente de la planta correctamente, sería eficiente.

Entonces, la eficiencia podría definirse como la habilidad de jugar el juego que se tiene. La ineficiencia podría definirse como una inhabilidad de jugar el juego que se tiene, con la necesidad de inventar juegos con las cosas que uno debería realmente ser capaz de controlar con facilidad.

Esto suena casi demasiado simple; desgraciadamente para los profesores que tratan de complicar las cosas, es así de simple. Por supuesto, existe un gran número de formas por las cuales el hombre puede aberrarse; pero ése no es el tema de este libro; el tema de este libro es el trabajo.

Ahora bien, comprendiendo que la vida *debe* ser un juego, hay que darse cuenta de que hay un límite para el área que uno debe controlar y aún seguir conservando un interés por la vida. El interés se reaviva principalmente por lo impredecible. El control es importante, la carencia de control es, si cabe, más importante aún. Para manejar realmente a la perfección una máquina, uno debe *querer* controlarla o no controlarla. Cuando el control en sí, se vuelve obsesivo, empezamos a encontrarle fallas. El individuo que tiene que controlar absolutamente todo lo que está a su vista, nos perturba a todos, y este individuo es la causa de que empecemos a ver el control como una cosa mala. Suena muy extraño decir que el no control, debe también estar bajo control, pero esto es esencialmente cierto. Una persona debe *estar dispuesta a* dejar ciertas partes del mundo sin control. Si no puede, rápidamente desciende por la escala[7] y se sitúa en un punto en el que obsesivamente trata de

---

7. **descender por la escala:** bajar de tono emocionalmente a emociones de bajo nivel en la Escala de Tono (tales como apatía, enojo, etc.). *Ver también* **Escala de Tono** en el glosario.

controlar cosas que nunca será capaz de controlar, y así se vuelve infeliz, empieza a dudar de su habilidad para controlar esas cosas que realmente debería ser capaz de controlar y, a la larga, pierde su capacidad para controlar cualquier cosa, esto es, en esencia, lo que en Cienciología llamamos la espiral descendente del control.

Existen factores mentales que no discutiremos aquí, que tienden a acumular fracasos en el control, hasta un punto en que uno ya no confía en su capacidad para controlar. La verdad del caso es que un individuo desea realmente dejar sin control alguna parte de la vida. Cuando esta parte de la vida lo lesiona lo suficiente, entonces se somete a la necesidad de controlarla y el no ser capaz de hacerlo, le hace relativamente infeliz.

Un juego está compuesto de libertades, barreras y propósitos; también está compuesto de control y no-control.

Un oponente en un juego, *debe ser* un factor no controlado. De otra manera, uno sabría exactamente hacia dónde va el juego y cómo terminaría y no sería un juego en absoluto.

Si un equipo de fútbol fuera totalmente capaz de controlar al otro equipo, no tendríamos juego de fútbol. Sería un asunto de no competencia. No habría placer, ni deporte, al jugar tal juego de fútbol. Ahora bien, si un futbolista se lesiona gravemente jugando, se presentaría para *él* un nuevo factor desconocido. Esta lesión se aloja en lo que denominamos *mente reactiva*[8]. Es una mente que no se ve y que funciona todo el tiempo.

8. **mente reactiva:** esa porción de la mente de la persona que funciona totalmente en una base de estímulo-respuesta (dado un cierto estímulo automáticamente da una cierta respuesta) que no está bajo su control volitivo (que tiene que ver con el poder de elección de la persona) y que ejerce fuerza y poder de mando sobre su conciencia, propósitos, pensamientos, cuerpo y acciones.

Normalmente funcionamos con lo que llamamos *mente analítica*[9] y de ésta lo conocemos todo. Todo aquello que hemos olvidado o los momentos de inconsciencia y dolor se atrapan en la mente reactiva y después son capaces de *reaccionar* sobre el individuo en tal forma que lo refrenan de hacer algo que una vez fue peligroso. Aun cuando éste es un asunto un tanto técnico, es necesario entender que nuestro pasado tiene una tendencia a acumularse y hacernos víctimas en el futuro. Así, en el caso de un futbolista, éste es susceptible a *reestimularse*[10] o a *reaccionar* mientras juega al fútbol debido a la antigua lesión recibida en el fútbol y así disminuye el espíritu de diversión mientras juega. Se vuelve ansioso y agresivo en el fútbol y lo expresa con un esfuerzo de controlar activamente a los jugadores del otro equipo, a fin de que no lo lesionen nuevamente.

En una carrera de motocicletas un corredor famoso resultó lesionado. Dos semanas después en otra carrera, nos encontramos al mismo corredor saliéndose en la quinta vuelta sin haber sufrido ninguna lesión o incidente, se salió inmediatamente después de que una motocicleta hizo un viraje repentino cerca de él; reconoció inmediatamente que era incapaz de controlar esa motocicleta. Entonces se sintió incapaz de controlar su propia motocicleta y se dio cuenta de una cosa: tenía que salirse de esa carrera. Y justamente así como este corredor abandonó la carrera, todos nosotros en un momento u otro hemos abandonado porciones de la vida.

Ahora bien, hasta el momento en que sufrió el accidente, el corredor estaba perfectamente dispuesto a no controlar ninguna

---

9. **mente analítica:** la mente consciente, que se da cuenta, que piensa, observa la información, la recuerda y resuelve problemas. Esencialmente, sería la mente consciente en oposición a la mente inconsciente. En Dianética y Cienciología, la mente analítica es la que está alerta y consciente, y la mente reactiva simplemente reacciona sin análisis.

10. **reestimulado:** tener reactivado un recuerdo pasado, debido a circunstancias similares en el presente que se aproximan a circunstancias del pasado.

otra motocicleta en la pista, excepto la suya. Él no se preocupaba por las otras motocicletas puesto que nunca lo habían lesionado y el juego de las carreras de motocicletas era todavía un juego para él. Sin embargo, durante el accidente hubo un momento en el que él trató de controlar otra motocicleta que no era la suya y a otro corredor. Fracasó en el intento. Por esta razón en su *mente reactiva* existe un cuadro de imagen mental de su fracaso en controlar una motocicleta y ello le hará menos competente en carreras futuras. Le tiene miedo a su propia máquina. Ha identificado su propia máquina con la de algún otro corredor. Esto es un fracaso de control.

Para volver a ser un buen corredor de motos, este hombre tendrá que recuperar su actitud de descuido respecto al control de las otras máquinas y corredores en la pista y tendrá que recuperar su capacidad para controlar su propia máquina. Si fuera capaz de lograr esto, volvería a ser una vez más el corredor de motos arriesgado, eficiente y triunfador, demostrando gran competencia. Únicamente un Cienciólogo podría volverlo a poner en estas condiciones, y probablemente sería capaz de hacerlo en muy pocas horas. Sin embargo, éste no es un libro de texto de como erradicar trastornos del pasado, sino una explicación de porqué el hombre se vuelve incompetente en el manejo de sus herramientas de trabajo. Estos hombres no intentaban controlar el mundo que les rodeaba hasta el momento en que el mundo les lesionó. Luego concibieron la idea de que deberían tener control sobre algo más que sus propios trabajos; fracasaron en controlar algo más que su trabajo e inmediatamente se convencieron de que eran incapaces de controlar algo. Esto es muy diferente a dejar las cosas sin control. El ser capaz de controlar algo y ser capaz de dejar algo sin controlar, son condiciones necesarias para llevar una buena vida y hacer un buen trabajo. El convencerse de que hay alguna cosa que uno no puede controlar, es algo totalmente diferente.

La sensación de confianza y la competencia se derivan realmente de la habilidad de uno para controlar o dejar de controlar los diversos elementos y personas que le rodean. Cuando uno se obsesiona con la necesidad de controlar algo que está más allá de su esfera de control, se decepciona acerca de su habilidad para controlar las cosas que están en su cercanía. Finalmente, una persona cae en un estado mental en el que no puede poner atención a su propio trabajo, sino que sólo puede alcanzar el entorno exterior y tratará eficazmente o no, de parar, comenzar o cambiar cosas que en realidad tienen muy poco que ver con su trabajo. Aquí tenemos al agitador, al trabajador incompentente, al individuo que va hacia el fracaso. Va hacia el fracaso, porque ha fracasado en algún momento del pasado.

Esto no es tan desesperado como parece ya que se necesita una lesión física y un fuerte impacto para hacer que un individuo se sienta incapaz de controlar las cosas. No es el manejo diario de la maquinaria lo que deteriora la habilidad para trabajar, para controlar o para hacer frente a la vida. No es verdad que uno envejezca y se canse y su capacidad para hacer las cosas se deteriore. Lo cierto es que uno se lesiona en momentos breves, repentinos, y de ahí en adelante lleva esa lesión a su trabajo futuro y la lesión es lo que causa su deterioro. La eliminación de la lesión le restaurará la habilidad para controlar su propio entorno.

Todo el tema del trabajo nos lleva entonces al valor del no-control. Un operario que hace un buen trabajo, debe ser capaz de estar relajado en relación a su máquina. Debe ser capaz de mantenerla funcionando o de no mantenerla funcionando, de ponerla en marcha o de no ponerla en marcha, de pararla o de no pararla. Si puede hacer esto con confianza y en un estado mental de calma, podrá manejar esa máquina y se verá que con él la máquina funciona bien.

Supongamos ahora que la máquina lo lesiona, digamos por ejemplo que se le atore la mano o que otro trabajador lo interrumpa en un momento inoportuno o que una herramienta defectuosa le salte en pedazos. De esta manera se introduce dolor físico en la situación. Tiende a separarse de la máquina. Entonces tiende a poner más concentración en la máquina de lo que debería. Ya no está dispuesto a dejarla sin control. Cuando está trabajando con esa máquina, él *debe controlarla*. Como hubo impacto en la situación, y él está ansioso acerca de esto, es muy probable que la máquina lo lesione otra vez. Esto le causa una segunda lesión, y con esta, él siente una mayor necesidad de controlar la máquina. Según se ve, durante los momentos en que se recibió la lesión la máquina estuvo fuera de control. Aunque el estar fuera de control es una condición del juego, ésta no es deseada ni bien recibida por este operario en particular. Finalmente, mirará esa máquina como un especie de demonio. Podría decirse que la hará funcionar todo el día y toda la noche y mientras esté dormido también. Pasará sus fines de semana y vacaciones operando esa máquina. Finalmente no soportará verla y vacilará ante la idea de trabajar un momento más en ella.

Este cuadro se complica un tanto más por el hecho de que no es siempre la lesión causada por su propia máquina la que le hace sentir ansiedad por la maquinaria. Un hombre que haya estado en un accidente automovilístico puede regresar a trabajar en una máquina con bastante desasosiego respecto a las máquinas en general. Empieza a identificar su propia máquina con otras máquinas y todas se vuelven la misma máquina: la que lo lesionó.

Existen otras condiciones que entran en fases más ligeras del trabajo. En el caso de un oficinista, puede existir la circunstancia de que esté enfermo a causa de otra área distinta a su área de trabajo, y no obstante, debido a que tiene poco tiempo libre, se ve obligado a trabajar, esté enfermo o no. Las herramientas de su propio trabajo, sus archivos, plumas, libros o la oficina misma, llegan a identificarse con su sensasión de enfermedad y siente que estas cosas también le han golpeado. De esta manera llega a obsesionarse por controlarlas y realmente se deteriora su capacidad para controlarlas en la misma forma en que le sucede al operario. Aunque estas herramientas no lo han lesionado realmente, él las asocia con estar dañado. En otras palabras, identifica su propia enfermedad con el trabajo que está haciendo. Así pues, aún el oficinista cuyos elementos de trabajo no son particularmente peligrosos, puede llegar a sentirse incómodo respecto a ellos y puede ejercer primero un control exagerado sobre ellos de manera obsesiva y a la larga abandonar todo control y considerar que es preferible ser azotado que trabajar un instante más en esa esfera particular de actividades.

Una de las maneras de superar tal condición es simplemente tocar o manejar las diversas herramientas de trabajo y los alrededores del lugar donde se trabaja. Si un individuo fuera por toda la oficina donde ha trabajado durante años y tocara las paredes, los marcos de las ventanas, el equipo, las mesas, los escritorios y las sillas, percibiendo cuidadosamente la sensación de cada cosa y localizando detenidamente cada elemento con respecto a las paredes y otros elementos en la oficina, se sentiría mucho mejor con respecto a ésta. Esencialmente se estaría trasladando desde un incidente en el que estuvo enfermo o fue lesionado, hasta tiempo presente[11]. La moraleja aquí es que uno debe realizar su trabajo en tiempo presente. Uno no debe continuar trabajando sobre antiguos momentos de lesión.

Si el familiarizarse o el tocar las herramientas propias del trabajo y descubrir exactamente dónde están y cómo son, es tan benéfico, ¿cuál sería el mecanismo que hay tras esto? Dejaremos para un capítulo posterior algunos ejercicios diseñados para restaurar la habilidad de la persona para trabajar y consideremos momentáneamente este nuevo factor.

---

11. **tiempo presente:** el tiempo que es ahora y que se convierte en pasado casi tan rápidamente como es observado. Es un término que se aplica ampliamente al entorno que existe ahora.

6

Afinidad, Realidad y Comunicación

6

Afinidad, Realidad y Comunicación

En Cienciología existen tres factores que son de suma importancia en el manejo de la vida. Estos factores dan respuesta a las preguntas: ¿Cómo debo hablar a la gente? ¿Cómo puedo vender cosas a la gente? ¿Cómo puedo dar nuevas ideas a la gente? ¿Cómo puedo saber qué piensa la gente? ¿Cómo puedo manejar mejor mi trabajo?

En Cienciología llamamos a estos tres factores el triángulo ARC. Se denomina triángulo porque tiene tres puntos relacionados. El primero de estos puntos es la afinidad. El segundo de estos puntos es la realidad. El tercero de estos puntos y el más importante es la comunicación.

Estos tres factores están relacionados. Por afinidad se entiende la respuesta emocional, el sentimiento de afecto o su ausencia, la emoción o la "mala emoción"[1] relacionada con la vida. Por realidad se entiende los objetos sólidos, las cosas *reales* de la

---

1. **mala emoción:** (del inglés *misemotion*) un término acuñado en Dianética y Cienciología para dar a entender una emoción o reacción emocional que es inapropiada a la situación de tiempo presente. Viene de *mis-* (equivocado, impropio) + *emotion* (emoción). Decir que una persona tenía una mala emoción sería indicar que la persona no mostró la emoción requerida por las circunstancias reales de la situación. Tener mala emoción sería sinónimo de ser irracional. Uno puede juzgar con imparcialidad la racionalidad de un individuo por lo correcto de la emoción que muestra en una serie dada de circunstancias. Estar alegre y feliz cuando las circunstancias requieren alegría y felicidad sería racional. El mostrar aflicción sin suficiente causa en tiempo presente para ello sería irracional.

vida. Por comunicación se entiende un intercambio de ideas entre dos terminales². Sin afinidad no hay realidad ni comunicación. Sin realidad no hay afinidad ni comunicación. Sin comunicación no hay afinidad ni realidad. Estas son afirmaciones tajantes, pero valiosas y ciertas.

¿Has tratado de hablar con una persona enojada? La comunicación de una persona enojada está al nivel de mala emoción la cual repele de ella a todas las terminales. Por lo tanto, su factor de comunicación está muy bajo, a pesar de sus gritos. Está tratando de destruir algo o a alguna otra terminal y por lo tanto su realidad es muy pobre. Es muy probable que por lo que aparentemente está enojada, no sea lo que en realidad le ha hecho enojar. Una persona enojada no es sincera. Entonces podría decirse que su realidad, aun con respecto a lo que trata de manifestar, es muy pobre.

Debe existir buena afinidad (es decir afecto) entre dos personas antes de que sean muy reales la una con respecto a la otra (y la realidad debe usarse aquí como un gradiente, siendo unas cosas más reales que otras). Debe existir buena afinidad entre dos personas para que puedan hablar con cierta sinceridad o confianza. Antes de que dos personas puedan ser reales una para la otra, debe existir cierta comunicación entre ellas. Por lo menos, deben mirarse mutuamente, lo cual es en sí una forma de comunicación. Antes de que dos personas puedan sentir cualquier afinidad entre sí, deben hasta cierto punto, ser reales.

Estos tres factores son interdependientes y cuando uno disminuye, los otros dos también disminuyen; cuando uno aumenta, los otros dos también aumentan. Sólo es necesario mejorar

2. **terminal:** cualquier cosa que se emplea en un sistema de comunicación; todo lo que puede recibir, transmitir o enviar una comunicación; un individuo sería una terminal, pero un puesto (posición, trabajo o deber al que una persona es asignada) también sería una terminal.

una esquina de este valioso triángulo de Cienciología para mejorar las otras dos. Basta mejorar dos esquinas del triángulo para mejorar la tercera.

Para tener una idea de la aplicación práctica de esto, tomemos el caso de una joven que huyó de su casa y cuyos padres ya no deseaban volver a hablarle. La joven, que era empleada en una oficina, se mostraba muy desanimada y estaba trabajando muy mal. Un Cienciólogo que se hizo cargo de ella por indicaciones del gerente de la oficina, la entrevistó y averiguó que sus padres estaban sumamente disgustados y no querían volver a comunicarse con ella. Les había molestado tanto su negativa (mejor dicho su inhabilidad) para seguir la carrera de pianista, la cual había estudiado con grandes gastos por parte de ellos, que decidieron "lavarse las manos con respecto a ella". El enfado la obligó a huir muy lejos. A partir de entonces, no se volvieron a comunicar, pero hablaban muy mal de ella con las personas que la habían conocido. En tal estado de ánimo, ella no podía trabajar, ya que estaba íntimamente ligada a sus padres y deseaba mantener las mejores relaciones con ellos. Su fracaso para desempeñar su trabajo estaba obstaculizando las líneas de comunicación en su oficina. En otras palabras, su afinidad era muy baja y su realidad de las cosas también, puesto que podría decirse que estaba en otro lugar la mayor parte del tiempo y así las líneas de comunicación que pasaban por sus manos eran de igual manera deficientes y bloqueaban, de hecho, las demás líneas de comunicación en la oficina; en ése momento este asunto pasó a ser de sumo interés para el gerente de la oficina. Ahora bien, en el mundo del trabajo diario, el gerente habría despedido a la joven y empleado a otra. Pero había escasez de empleados en ese momento y el gerente, que conocía el sistema moderno de hacer las cosas, llamó a un Cienciólogo.

Conociendo bien el triángulo ARC, el Cienciólogo hizo algo muy sencillo (para un Cienciólogo) que al parecer funcionó como magia en relación a la joven. Le dijo que debía escribir a sus padres sin importar si le contestaban y lo hizo. Naturalmente, no tuvo respuesta. ¿Por qué no tuvo respuesta de sus padres? Porque habiéndolos desobedecido y habiéndose alejado de su control, evidentemente ya no estaba en contacto con ellos. Sus padres no la consideraban real. Ella no existía en realidad para ellos. Así lo habían comentado entre ellos. De hecho, habían tratado de borrarla de su vida por haberlos desilusionado tanto. Por consiguiente, no sentían emoción alguna por ella, salvo una especie de apatía. No habían sido capaces de controlarla y por eso estaban apáticos con respecto a ella ya que habían fracasado en controlarla. Para entonces, sus padres habían llegado a sentir una triste apatía hacia ella y ya no era muy real para ellos. De hecho, como la habían iniciado en una carrera que no pudo concluir, en principio la joven no pudo haber sido muy real para ellos, puesto que la carrera estaba indudablemente más allá de su capacidad. Así pues, el Cienciólogo hizo que escribiera una carta. Esta carta era como decimos en Cienciología, de "todo marcha sobre ruedas ". La carta decía que estaba trabajando en otra ciudad, que el clima era bueno, que la estaba pasando bien, que todo marchaba satisfactoriamente y que esperaba que estuvieran bien y les mandaba su amor. La carta, cuidadosamente no mencionaba ninguno de los problemas o actividades inmediatamente anteriores a su salida de casa. La afinidad (A) de la carta era bastante alta; la comunicación (C) estaba presente. Lo que el Cienciólogo estaba tratando de hacer, era establecer la realidad (R): la realidad de la situación de que la joven estaba en otra ciudad y la realidad de su existencia en el mundo. Él sabía que ella estaba tan ligada a sus padres, que si ellos no la consideraban real, ella no lo era para sí misma. Por supuesto, sus padres no contestaron la primera carta, pero el Cienciólogo hizo que escribiera otra vez.

Después de cuatro cartas, que decían más o menos lo mismo, e ignorando completamente la idea de que no había tenido respuesta, de repente recibió una carta de la madre en la que manifestaba su enojo, no hacia la joven, sino hacia uno de sus antiguos compañeros de juego. La joven, asesorada por el Cienciólogo, se mantuvo serena, y no se le permitió refutar airadamente, sino que se le persuadió a escribir una carta en tono amable y de sorpresa, expresando su alegría por haber tenido noticias de su madre. Después de ésta llegaron dos más, una del padre y otra de la madre, ambas muy afectuosas expresando la esperanza de que la joven estuviera bien. Por supuesto, ella las contestó muy alegremente pero habrían mostrado propiciación[3], si el Cienciólogo se lo hubiera permitido. En vez de eso, envió a cada uno de sus padres una carta, en que reflejaba su felicidad, y en respuesta se recibieron otras dos cartas felicitando a la joven por haber encontrado un trabajo y algo que le interesara hacer en la vida, le preguntaban a dónde debían enviarle su ropa y hasta le mandaron una pequeña cantidad de dinero para ayudarla en la ciudad. Los padres ya habían empezado a pensar en la nueva carrera de la joven, que coincidía exactamente con lo que ella podía hacer en la vida, es decir, el trabajo de secretaria.

Por supuesto, el Cienciólogo sabía exactamente lo que iba a suceder, es decir, que su afinidad y realidad aumentarían, y que la realidad, afinidad y comunicación de la joven en la oficina, aumentarían tan pronto como se remediara esa situación. El Cienciólogo la remedió mediante la comunicación expresando la afinidad de la joven y esto desde luego produjo reacción, como siempre pasa. El trabajo de la joven llegó a ser eficaz y comenzó a progresar, y en cuanto su sentido de la realidad fue suficientemente alto, se convirtió en un elemento muy valioso dentro de la oficina.

Es probable que la razón por la que el triángulo ARC haya

---

3. **propiciación:** actuar en una manera para reducir o aplacar el enojo o ganar el favor de otro; intentando calmar o tranquilizar.

tardado tanto tiempo en descubrirse, se deba al hecho de que una persona que se encuentra en apatía sube a través de varios tonos. Son bastante uniformes: uno sigue a otro y la gente *siempre* sube por ellos uno tras otro. Estos son los tonos de afinidad, y la Escala Tonal[4] de Dianética[5] y Cienciología es probablemente la mejor forma posible de predecir lo que va a ocurrir o lo que una persona realmente hará.

La Escala Tonal empieza muy por debajo de la apatía. En otras palabras, donde una persona no está sintiendo absolutamente ninguna emoción acerca de un tema. Un ejemplo de esto fue la actitud de los norteamericanos con respecto a la bomba atómica; algo que debía haberles preocupado mucho, estaba tan lejos de su habilidad de control, aun siendo algo que podría acabar con su existencia, que cayeron por debajo de la apatía respecto a ella. En realidad no consideraban que fuera un gran problema. Los norteamericanos que recibieron procesamiento sobre este asunto en particular, necesitaron algo de tiempo para poder empezar a sentir apatía acerca de la bomba atómica. Lo cual constituía un progreso con respecto al sentimiento de ausencia total de emoción acerca de un tema por el que deberían haber estado profundamente interesados. Es decir, en muchos asuntos y problemas, la gente se encuentra muy por debajo de la apatía. Ahí empieza la Escala Tonal, muy por debajo de la muerte misma. Ascendiendo por la escala se encuentran los niveles de muerte corporal, apatía, aflicción, miedo, enojo, antagonismo,

---

4. **Escala Tonal:** una escala en Cienciología, que muestra los tonos emocionales de una persona. Éstos, son en parte y desde el más alto al más bajo: serenidad, entusiasmo, conservatismo, aburrimiento, antagonismo, enojo, hostilidad encubierta, miedo, pesar, apatía. Se da un valor numérico arbitrario a cada nivel de la escala. Hay muchos aspectos de la Escala Tonal y usarlos hace posible la predicción de la conducta humana. Para más información sobre la Escala Tonal lee el libro *"La Ciencia de la Supervivencia"* de L. Ronald Hubbard.

5. **Dianética:** la escuela de la mente más avanzada del hombre. *Dianética* significa "a través de la mente" (del griego *dia*, a través, y *nous*, alma). *Dianética* se define además como "lo que el alma le está haciendo al cuerpo". Es una forma de controlar la energía de la cual está hecha la vida de tal manera que aporte mayor eficiencia en el organismo y en la vida espiritual del individuo.

aburrimiento, entusiasmo y serenidad, en ese orden. Hay muchos puntos intermedios entre estos tonos, pero si alguien supiera algo acerca de los seres humanos, conocería con seguridad estas emociones en particular. Una persona que está en apatía, al mejorar su tono, siente aflicción. Una persona en aflicción, al mejorar su tono, siente miedo. Una persona en miedo, al mejorar su tono, siente enojo. Una persona en enojo, al mejorar su tono, siente antagonismo. Una persona en antagonismo, al mejorar su tono, siente aburrimiento. Cuando una persona en aburrimiento mejora su tono, está entusiasta. Cuando una persona entusiasta mejora su tono, se siente serena. En realidad, el nivel inferior a la apatía es tan bajo, que constituye un estado mental de carencia de afinidad, carencia de emoción, carencia de problemas y carencia de consecuencias con respecto a asuntos que son de hecho tremendamente importantes.

El área por debajo de la apatía es un área sin dolor, sin interés, sin beingness[6] ni nada que interese a nadie, pero es un área de grave peligro, puesto que uno se encuentra debajo del nivel de ser capaz de responder a cualquier cosa y, puede por consiguiente perder todo sin que aparentemente se dé cuenta de ello. Un trabajador que se encuentre en muy mala condición, es un riesgo para la organización, ya que puede no ser capaz de experimentar dolor ni emoción alguna respecto a ningún tema. Se encuentra debajo de la apatía. Se ha visto a trabajadores que al lesionarse la mano no le dan importancia y siguen trabajando, aun cuando la herida sea de consideración. A las personas de los dispensarios[7] de áreas industriales les sorprende descubrir que algunos trabajadores prestan muy poca atención a sus heridas. Es terrible que la gente que no presta atención a sus propias heridas y

---

6. **beingness:** el resultado de haber asumido o escogido una categoría de identidad. El beingness lo asume uno, se lo dan o lo alcanza. Ejemplos de beingness serían el nombre de una persona, su profesión, sus características físicas, su papel en el juego, todas y cada una de estas cosas podrían llamarse el beingness de uno.

7. **dispensario:** cuarto o lugar en una escuela, campo o fábrica donde se administran medicamentos y primeros auxilios.

que ni siquiera siente dolor a causa de ellas, no es ni será eficiente sin la atención de un Cienciólogo. Es un riesgo el tenerlos cerca. No responden adecuadamente. Si uno de ellos está manejando una grúa y la grúa se sale repentinamente de control y está a punto de vaciar la carga sobre un grupo de trabajadores, ese operario que se encuentra por debajo de apatía simplemente dejará que la grúa descargue. En otras palabras, es un asesino en potencia. No puede parar nada, no puede cambiar nada, no puede iniciar nada y, sin embargo, en base a respuestas automáticas, se las arregla para conservar su trabajo por algún tiempo, pero en el momento de enfrentarse a una verdadera emergencia es probable que no responda adecuadamente y se produzcan accidentes. Cuando hay accidentes en la industria, se originan por personas que están en tonos por debajo de apatía. Cuando en las oficinas se cometen graves errores que cuestan grandes sumas de dinero y pérdida de tiempo a las compañías y causan dificultades al personal, tales errores los causan generalmente personas que se encuentran por debajo de apatía. Así pues, no pienses que un estado en el que se es incapaz de sentir nada, en el que se es insensible, en el que no se siente dolor ni alegría, sea útil para alguien. No lo es. Una persona que se encuentra en estas condiciones, no puede controlar las cosas; en realidad no está *ahí* lo suficiente para ser controlada por nadie y hace cosas extrañas e impredecibles.

Así como una persona puede encontrarse crónicamente debajo de apatía, una persona puede estar en apatía. Esto es bastante peligroso, pero al menos se expresa. Sólo cuando asciende hasta apatía en sí, empieza a manifestarse y hacerse visible el triángulo ARC. Se puede esperar comunicación de la persona misma y no de algún circuito[8] o patrón de

---

8. **circuito:** una parte de la mente reactiva de un individuo que se comporta como si fuera alguien o algo separado de él, y que le habla y va en acción por impulso propio, y puede incluso si es suficientemente grave, tomar control sobre él mientras está funcionando. Una tonada que le da vueltas a uno en la cabeza, es un ejemplo de un circuito.

entrenamiento[9]. La gente puede estar crónicamente en aflicción, crónicamente en miedo, crónicamente en enojo, en antagonismo o en aburrimiento y realmente puede "estar atorada en entusiasmo". Una persona que es verdaderamente capaz, por lo general se muestra serena acerca de las cosas. Sin embargo, puede expresar otras emociones. Es un error creer que la serenidad completa tiene valor real. Cuando uno no puede llorar ante una situación que exige lágrimas, no se encuentra en el tono crónico de serenidad. La serenidad puede confundirse muy fácilmente con los estados por debajo de la apatía, pero por supuesto solamente para un observador muy inexperto. Una mirada al estado físico de la persona es suficiente para diferenciar. La gente que está por debajo de la apatía, por lo general está muy enferma.

Así como tenemos una gama en la Escala Tonal correspondiente a la afinidad, tenemos otra para la comunicación. Tenemos un factor de comunicación al nivel de cada una de las emociones. Por debajo de apatía, el individuo no se está comunicando en absoluto, lo que está comunicando es una respuesta social o el patrón de entrenamiento o como decimos, un "circuito". La persona en sí no parece estar presente y realmente no está hablando. Por lo tanto, sus comunicaciones son a veces extrañas, por no decir algo peor. Hace las cosas indebidas en el momento inoportuno. Dice las cosas indebidas en el momento inoportuno. Naturalmente, cuando una persona está atorada en cualquiera de las bandas de la Escala Tonal: debajo de apatía, apatía, aflicción, miedo, enojo, antagonismo, aburrimiento, entusiasmo o serenidad, expresa comunicaciones con ese tono emocional. Una persona que siempre está enojada con respecto a algo, está atorada en enojo. Esta persona no se encuentra tan mal como alguien que esté por debajo de apatía, pero todavía es peligroso tenerla cerca, ya que ocasionará dificultades; y una

---

9. **patrón de entrenamiento:** mecanismo de estímulo-respuesta establecido por la mente analítica para llevar a cabo una actividad, ya sea de una naturaleza de rutina o de una emergencia.

---

persona que está enojada no controla bien las cosas. Las características de la comunicación de la gente en los diversos niveles de la Escala Tonal son fascinantes. Dice cosas y maneja la comunicación de una manera característica, distintiva, que corresponde a cada nivel de la Escala Tonal.

Al igual que la afinidad y la comunicación, hay un nivel de realidad para cada uno de los niveles de afinidad. La realidad es un tema muy interesante puesto que tiene que ver principalmente con los sólidos. En otras palabras, la solidez de las cosas y el tono emocional de la persona guardan una relación definida. La persona que se encuentra en la parte baja de la Escala Tonal no tolera los sólidos. No puede tolerar un objeto sólido. El objeto no es real para ella, es de poca consistencia o le falta peso. Conforme una persona asciende por la escala, el mismo objeto se vuelve más y más sólido, y finalmente puede verlo en su nivel verdadero de solidez. En otras palabras, estas personas tienen una reacción definida hacia la masa en los diversos puntos de la escala. Las cosas les parecen brillantes o muy, muy opacas. Si se pudiera ver a través de los ojos de una persona que se encuentra por debajo de apatía, se vería un mundo desteñido, falto de consistencia, vago, brumoso, verdaderamente irreal. Si se viera a través de los ojos de un hombre enojado, se vería un mundo de solidez amenazadora, en el que todos los sólidos presentarían cierta brutalidad, pero todavía no serían suficientemente sólidos, o suficientemente reales o visibles para una persona en buen estado. Una persona que se encuentra en serenidad puede ver los sólidos como son, tan brillantes como son y puede tolerar una gran solidez o peso sin reaccionar hacia eso. Es decir, conforme ascendemos por la Escala Tonal de lo más bajo a lo más alto, las cosas se vuelven cada vez más y más sólidas, y más y más reales.

La afinidad está muy íntimamente relacionada con el espacio. De hecho, la afinidad podría definirse como la "consideración de distancia", puesto que las terminales que se encuentran ya sea muy separadas o bastante cerca tienen diferentes reacciones de afinidad entre sí. La realidad, según hemos visto, está más íntimamente ligada con los sólidos. La comunicación es el flujo de ideas o partículas a través del espacio entre sólidos.

Aun cuando estas definiciones parezcan demasiado elementales y no satisfagan a un catedrático universitario, en realidad abarcan y sobrepasan todo su campo de actividad. Las verdades no tienen que ser complicadas.

Según se describen ampliamente en Cienciología con base en estudios muy profundos, existen muchas interrelaciones de espacios y sólidos e ideas o partículas, puesto que éstas son las cosas más íntimamente ligadas al livingness en sí y abarcan el universo que nos rodea. Pero lo más fundamental que debemos saber acerca del ARC, simplemente es el tono emocional que es la afinidad, la materialidad de las cosas que es la realidad, y la capacidad relativa de comunicación respecto a ellas.

Las personas que pueden realizar cosas, están muy altas en afinidad, muy altas en términos de realidad y son muy capaces en términos de comunicación. Si se desea medir sus diversas capacidades, se debería estudiar el tema más ampliamente. Se ha escrito todo un libro acerca de este triángulo, con el título de *La ciencia de la supervivencia*. (Véase la bibliografía).

Entonces, ¿cómo hay que hablarle a una persona? No se le puede hablar adecuadamente a una persona si uno está por debajo de una condición de apatía. De hecho, ni siquiera le hablaría. Debes tener un poco más de afinidad para hablar de algo con alguien. Tu habilidad para hablar con una persona determinada, depende de tu respuesta emocional hacia esa persona. Cada persona tiene diferentes respuestas emocionales hacia las diferentes personas que la rodean. En vista del hecho de que la comunicación implica siempre dos terminales, es decir, dos personas, uno puede ver que la otra persona tiene que ser hasta cierto punto real. Si a uno no le importan en absoluto las otras personas con seguridad tendrá mucha dificultad para hablar con ellas. Entonces para hablar con un individuo, uno encontraría algo que le agradara de él, y le hablaría sobre algo con lo que pudiera estar de acuerdo. Aquí se encuentra la ruina de la mayoría de las ideas nuevas: uno no discute asuntos sobre los que la otra persona no tiene ningún punto de acuerdo. Y así llegamos a un factor decisivo con respecto a la realidad.

Aquello con lo que estamos de acuerdo tiende a ser más real que aquello con lo que no estamos de acuerdo. Existe una coordinación definida entre acuerdo y realidad. Las cosas que hemos acordado que son reales, son reales; las que hemos acordado que no son reales, no son reales. Tenemos muy poca realidad de las cosas con las que estamos en desacuerdo. Un experimento basado en esto sería una conversación en broma entre dos personas acerca de una tercera que está presente. Las dos personas concuerdan en algo con lo que la tercera no puede estar de acuerdo. Esta última descenderá en tono emocional y de hecho se volverá menos real para las otras dos que están hablando de ella.

Entonces, ¿cómo le hablas a una persona? Estableces la realidad encontrando algo en lo que ambos estén de acuerdo. Después tratas de mantener un nivel tan alto de afinidad como sea posible, sabiendo que hay algo en esa persona que a ti te puede gustar, y así podrás hablar con ella. Si no tienes las dos primeras condiciones, es casi seguro que no tendrás la tercera, es decir, no podrás hablar fácilmente con ella.

Al usar el triángulo ARC, te darás cuenta de que, una vez más, los tonos emocionales mejoran cuando uno empieza a desarrollar la comunicación. En otras palabras, en algún punto, alguien que estaba totalmente apático acerca de nosotros, puede mostrarnos enojo. Si simplemente podemos perseverar a través de su enojo, llegará a antagonismo, luego a aburrimiento y finalmente a entusiasmo y un nivel perfecto de comunicación y comprensión. Los matrimonios se desbaratan simplemente por la falta de comunicación, de realidad y de afinidad. Cuando la comunicación empieza a fallar, la afinidad empieza a descender. Las personas tienen secretos mutuos y la afinidad se desploma.

De manera similar, en una oficina o en un negocio es muy fácil establecer qué personas están haciendo cosas que no favorecen a la compañía, ya que estas personas pierden gradualmente la comunicación con la compañía y a veces no tan gradualmente. Su tono emocional hacia sus superiores y hacia los que les rodean empieza a descender y finalmente se desploma.

Como puede verse, el triángulo ARC está ligado íntimamente a una habilidad para controlar y a una habilidad para dejar sin control. Cuando un individuo intenta controlar algo y fracasa, experimenta antipatía hacia ello. En otras palabras, no ha acertado, se ha equivocado. Su intención ha fallado. Podría decirse que su intención le resultó contraproducente. Así pues, cuando uno trata de controlar cosas y fracasa, es probable que descienda en la Escala Tonal respecto a esas cosas. Así, un individuo que haya sido traicionado por las herramientas de su propio oficio, tal vez las trate con un grado menor de afinidad. Se aburre de ellas, se siente antagónico respecto a ellas, se enoja con ellas (en esta fase la maquinaria empieza a descomponerse) y finalmente les teme, se pone triste acerca de ellas, siente apatía respecto a ellas, ya no le importan en absoluto y en esta etapa, seguramente no podrá usarlas. En realidad, a partir del nivel de aburrimiento hacia abajo, la habilidad para usar las herramientas propias del trabajo se reduce en forma marcada.

Sabiendo esto, ¿cómo podría uno incrementar su habilidad para controlar las herramientas del trabajo sin siquiera acudir a un Cienciólogo? Naturalmente, si un Cienciólogo se hiciera cargo de la situación, se podría recuperar por completo el control sobre las herramientas, sobre un área o sobre la vida, pero si no se cuenta con él, ¿cómo podría uno manejar los objetos con los que está íntimamente asociado ahora?

Usando el triángulo ARC podríamos recuperar en cierta medida tanto el control de los elementos como el entusiasmo por el trabajo. Esto se podría lograr comunicándonos y deseando aceptar que éstos y la gente que nos rodea sean reales o sólidos. Un individuo podría recuperar su habilidad sobre sus herramientas inmediatas con sólo tocarlas y soltarlas. Esto podría parecerle inútil y es posible que la persona llegue al nivel de aburrimiento y se aburra con el proceso. Inmediatamente arriba de este nivel está la recompensa de entusiasmarse. Parece muy extraño que si uno simplemente tocara su automóvil y lo soltara, lo tocara y lo soltara, lo tocara y lo soltara, lo tocara y lo soltara, posiblemente durante unas horas, recuperaría no sólo su entusiasmo por el automóvil, sino también una tremenda habilidad para controlarlo, que nunca había sospechado tener. De manera similar, tratándose de personas, uno puede acercarse y retirarse de ellas por medio de la comunicación, ya que con frecuencia se oponen a que se les toque. Si uno realmente se comunica y se comunica bien con ellas, si escucha lo que tienen que decir y acusa recibo a lo que dicen y uno dice lo que tiene que decirles, con suficiente suavidad y con la suficiente frecuencia de manera que realmente se reciba, uno recuperará en grado notable su habilidad para asociarse y coordinar acciones con los que le rodean. Aquí tenemos el triángulo ARC adaptado de inmediato al trabajo. Parece extraño que si hiciéramos que un contador tomara y soltara su lápiz o su pluma durante un par de horas, recuperaría su habilidad para manejarlos y mejoraría su habilidad con los números, y que si lo hiciéramos tocar y dejar su libro mayor durante un tiempo considerable, sería más capaz de manejarlo y cometería menos errores en él. Parece magia y lo es. Es Cienciología.

7

Agotamiento

7

Agotamiento

Trabajar o no trabajar, he ahí el dilema. La respuesta de la mayoría de los hombres a esto es el agotamiento.

Uno empieza a sentir después de haber trabajado mucho tiempo y de haber sido víctima de un sinnúmero de injusticias en ese trabajo, que el seguir trabajando estaría más allá de su capacidad. Uno está cansado. El sólo pensar en hacer ciertas cosas le cansa. Uno quisiera aumentar su energía o poder esforzarse un poco más y éste es el camino equivocado, ya que la solución al agotamiento poco tiene que ver con la energía.

El agotamiento es un tema muy importante, no sólo para el individuo que se gana la vida, sino también para el Estado.

Cienciología ha demostrado por completo el hecho de que la ruina del individuo empieza cuando ya no puede trabajar. Todo lo que se necesita para degradar o perturbar a alguien es impedirle que trabaje. Hasta la policía reconoce este principio básico de Cienciología de que el principal problema del criminal es que no puede trabajar, y ha empezado a buscar este factor en el individuo al establecer su criminalidad.

La dificultad básica con la delincuencia juvenil se debe al antiguo programa aparentemente humano que prohíbe trabajar a los niños. Es indudable que una vez se abusó del trabajo de los niños, que se les exigió trabajar excesivamente al grado de trastornar su crecimiento y que en general fueron explotados. Es muy dudoso que el infame Sr. Marx[1] haya visto, en América, sacar de las máquinas a jóvenes muchachos muertos causa del trabajo y ser arrojados a los montones de desperdicios. Donde hubo abusos en este sentido, hubo protestas públicas contra éstos y se establecieron leyes para evitar que los niños trabajaran. Esta legislación con toda la mejor intención del mundo es sin embargo, directamente responsable de la delincuencia juvenil. El prohibir a los niños trabajar y especialmente el prohibir a los adolescentes que se abran paso en el mundo y que ganen su propio dinero, origina dificultades familiares al grado de ser casi imposible mantener una familia; crea también en el adolescente un estado de ánimo de que el mundo le rechaza y de que ha perdido su juego antes de comenzarlo. Después con algo así como entrenamiento militar universal inminente para que no se atreva a comenzar una carrera, naturalmente que se le mete a un estado profundo de subapatía en lo que se refiere al trabajo. Y cuando a la larga se enfrenta con la necesidad de salir adelante en el mundo, asciende hasta apatía y no hace nada al respecto. El hecho de que muchos de los ciudadanos más destacados trabajaran cuando eran muy jóvenes, confirma esto de manera decisiva. En la civilización angloamericana[2], los esfuerzos de mayor nivel fueron realizados por muchachos que desde los 12 años tenían sus propias labores en las granjas y por consiguiente, un lugar definido en el mundo.

En general, los niños están bastante dispuestos a trabajar. Es común que los niños de dos, tres y cuatro años de edad

---

1. **Marx, Karl:** (1818-1883) Filósofo político alemán. Considerado por algunos como el fundador del socialismo moderno.

2. **angloamericana:** que pertenece o se relaciona con Inglaterra y América, especialmente los Estados Unidos de Norteamérica, o la gente de los dos países.

anden tras su padre o su madre tratando de ayudar con herramientas o trapos para limpiar. El padre que realmente siente cariño por su hijo responde en la forma razonable y que se ha considerado normal desde hace tiempo, de ser suficientemente paciente para permitir que el niño en verdad ayude. Y así el niño al que se le permite trabajar, concibe la idea de que su presencia y actividad son deseables y tranquilamente comienza una carrera de realización. Al joven que se le impone seguir cierta carrera, pero que no se le permite ayudar en edad temprana, está convencido de que no se le desea y de que no forma parte del mundo. Posteriormente, tendrá dificultades muy marcadas respecto al trabajo. Sin embargo en esta sociedad moderna, al niño que desea trabajar a los tres o cuatro años de edad, se le desanima y efectivamente se le impide trabajar y después de que se le ha obligado a estar ocioso hasta los siete, ocho o nueve años, repentinamente se le imponen ciertas tareas. Para entonces, el niño ya está educado en el hecho de que no debe trabajar y por ello la idea del trabajo es una esfera donde "sabe que no pertenece" y así se siente incómodo al efectuar ciertas actividades. Posteriormente en la adolescencia se le impide activamente conseguir la clase de trabajo que le permitirá comprar ropa e invitar a sus amigos, como considera se le exige; entonces empieza a sentir que no es parte de la sociedad. No siendo parte de la sociedad, se vuelve contra ella y no desea sino realizar actividades destructivas.

El campo del agotamiento es también un campo donde el trabajo se ha impedido. En el caso de soldados y marinos hospitalizados en cualquiera de las guerras recientes, se encuentra que unos meses en el hospital tienden a quebrantar la moral del soldado o del marino al grado de convertirlos en elementos de dudosa valía al volver a su servicio. Este no es necesariamente el resultado de que sus facultades hayan disminuido. Es el resultado combinado de las lesiones y la inactividad. El soldado herido y atendido en un hospital cercano al frente y devuelto al servicio tan pronto como pueda cumplir con su deber, conserva su moral en gran medida. Por supuesto, la lesión recibida tiende a alejarlo del nivel de acción que una vez tuvo, pero aún así se encuentra en mejor forma que el soldado enviado al hospital en la retaguardia. Al soldado que se le envía a un hospital se le está diciendo, desde su punto de vista, que él no es particularmente necesario para la guerra. Sin realmente tomar en cuenta estos principios, la palabra *agotamiento* comenzó a emplearse relacionándola con la neurosis, con base en que la gente neurótica sencillamente parece agotada. No había más correlación que eso. En realidad la persona a quien se le ha negado el derecho a trabajar, sobre todo la que ha sido lesionada y después de eso se le ha negado ese derecho, finalmente estará agotada.

En Cienciología, técnicamente se ha descubierto que no existe deterioro gradual cuando el individuo hace uso continuo de su energía. Uno no se agota simplemente porque ha trabajado demasiado tiempo o demasiado duro. Uno se agota cuando trabaja durante el tiempo suficiente para reestimular alguna lesión pasada. Una de las características de esta lesión será el agotamiento. Luego, el agotamiento crónico no es el producto de muchas horas y ardua dedicación; es el producto de la acumulación de golpes y lesiones incidentales[3] en la vida, cada uno con duración quizá de unos cuantos segundos o unas cuantas horas, que quizás no sobrepasen unas 50 ó 75 horas. Pero esta acumulación, es decir, la acumulación de lesiones, rechazos y golpes, finalmente conduce a una completa inhabilidad para hacer cualquier cosa.

El agotamiento puede inculcarse en un individuo negándole el permiso cuando niño a ser parte alguna de la sociedad, o puede forzarse por medio de diversas lesiones o golpes que reciba en forma inherente a sus actividades específicas. Si se aclara

3. **incidental:** que es probable que suceda en conexión con algo.

cualesquiera de estos dos puntos, se despejará el agotamiento. El agotamiento es, por lo tanto, campo del Cienciólogo puesto que únicamente él puede resolverlo adecuadamente.

Existe, no obstante, un punto que se encuentra debajo del agotamiento y es el no saber cuando está uno cansado. Un individuo puede convertirse en una especie de títere frenético que continúa trabajando sin darse cuenta siquiera que trabaja y repentinamente sufre un colapso a causa de un cansancio que no estaba experimentando. Este es nuevamente el nivel bajo cero o por debajo de apatía, en la Escala Tonal.

Y otra vez tenemos el tema del control. Aquí el individuo ha fracasado en su control de las cosas, lo ha intentado y luego ha descendido en la Escala de Tono con respecto a ellas hasta debajo de cero. Finalmente, ya no es capaz de manejar nada que se asemeje a la herramienta de trabajo o al ambiente de trabajo y entonces es incapaz de habitar en tal ambiente o de manejar tales herramientas. Este individuo puede entonces recibir muchas represiones severas. Pueden llamarle perezoso, vago o criminal, pero la verdad del caso es que ya no es capaz de corregir su condición sin ayuda experta, sólo puede hundirse hasta el centro de la Tierra.

Existen algunos medios para recuperar la vitalidad[4] y el entusiasmo por trabajar si no se cuenta con el esmerado trabajo de un practicante de Cienciología. Estos son relativamente simples y muy fáciles de entender.

Tenemos en Cienciología lo que llamamos introversión y lo que llamamos extroversión.

La introversión es algo muy simple; significa mirar hacia dentro muy minuciosamente. La extroversión también es algo

---

4. **vitalidad:** vigor y energía, como en el movimiento, etc..

simple; solamente significa ser capaz de mirar hacia afuera.

Podría decirse que existen personalidades introvertidas y personalidades extrovertidas. La personalidad extrovertida es aquella capaz de mirar a su alrededor en el ambiente. La personalidad introvertida sólo es capaz de mirar hacia dentro de sí misma.

Cuando examinamos la Escala de Tonal de ARC, vemos inmediatamente que una personalidad introvertida está huyendo de los sólidos. Es decir, no está confrontando la realidad. Realidad significa acuerdos en el plano[5] mental y sólidos en el plano físico.

Una persona que es capaz de mirar el mundo que le rodea y percibirlo muy real y brillante, se encuentra en un estado de extroversión, es decir, puede ver hacia fuera; también puede trabajar. Igualmente puede ver situaciones, manejar y controlar las cosas que tiene que manejar y controlar y puede ser espectador y observar las cosas que no tiene que controlar y en las que por lo tanto no tiene que interesarse.

La persona que está introvertida, es una persona que probablemente ha sufrido agotamiento desde hace tiempo. Su atención se ha ido enfocando más cerca cada vez en su persona (básicamente por lesiones pasadas que todavía pueden ejercer su influencia sobre ella), hasta que de hecho, está mirando hacia adentro y no hacia afuera. Está huyendo de los objetos sólidos y no ve una realidad en otras personas ni en las cosas que le rodean.

Hablemos ahora directamente del trabajo. El trabajo es la aplicación de atención y acción a personas o cosas situadas en el espacio.

---

5. **plano:** un nivel de desarrollo, realización, existencia, etc..

Cuando alguien ya no es capaz de confrontar personas, cosas o el espacio en el que están situadas, empieza a tener la sensación de estar perdido. Comienza a andar entre tinieblas. Las cosas no le son reales y es relativamente incapaz de controlar las cosas que le rodean. Tiene accidentes, tiene mala suerte. Las cosas se vuelven contra él, simplemente porque no las está manejando ni controlando o ni siquiera las está observando correctamente. El futuro le parece muy malo, tan malo que algunas veces no puede enfrentarlo. Podría decirse que este individuo está severamente introvertido.

En el trabajo, su atención está clavada en objetos que generalmente están, cuando más, a unos pocos metros de él. Pone su mayor atención en las cosas que están al alcance de sus manos, lo cual aparta su atención de la extroversión, y sólo enfoca un punto frente a él; su atención se fija ahí. Si esto coincide con alguna lesión antigua u operación, es probable que también fije su atención en un momento pasado y se reestimule y sienta los dolores y malestares y tenga la sensación de cansancio, apatía o subapatía que tuvo durante el momento de la lesión. Como su atención está clavada ahí continuamente, desde luego tiene tendencia a mirar solamente ahí, aun cuando no esté trabajando.

Tenemos el caso de un contador. Los ojos del contador están puestos en los libros a una distancia fija. A la larga, se vuelve "miope"[6]. En realidad no se vuelve miope, sino su vista se convierte en una vista para libros. Sus ojos enfocan con más facilidad un punto situado a una distancia determinada. Ahora bien, al estar fijando su atención ahí, tiende a retirarse también de ese punto hasta que finalmente no alcanza ni siquiera sus propios libros; entonces se pone anteojos para poder verlos más claramente. Su visión y su atención son casi lo mismo.

---

6. **miope:** capaz de ver claramente sólo lo que está cerca.

Una persona que tiene frente a sí una máquina, libros u objetos continuamente a una distancia fija, al salir del trabajo tiende a mantener su atención fija exactamente donde estaba su trabajo. En otras palabras, su atención jamás abandona realmente el trabajo. Aun cuando vaya a casa, en realidad todavía sigue sentada en la oficina. Su atención continúa fija en el entorno de su trabajo. Si este entorno coincide con alguna lesión o accidente (y ¿quién no tiene por lo menos uno?), empieza a sentir cansancio o fatiga.

¿Existe remedio para esto?

Por supuesto, sólo un Cienciólogo podría arreglar esta dificultad totalmente, pero hay algo que el trabajador sí puede hacer.

Ahora bien, esto es lo que no se debe hacer, sin importar si se es tenedor de libros, contable, oficinista, ejecutivo o maquinista. Lo que no se debe hacer es salir del trabajo, ir a casa, sentarse y fijar su atención en un objeto situado más o menos a la misma distancia que uno confronta constantemente en el trabajo. Por ejemplo, en el caso de un capataz que continuamente está hablando con los trabajadores a cierta distancia, lo incorrecto sería irse a casa y hablar con su esposa a la misma distancia, pues ocurrirá que ella estará recibiendo órdenes como si fuera un trabajador más del taller. Lo que definitivamente sería incorrecto es irse a casa, sentarse a leer un periódico, cenar e irse a dormir. Si un hombre practicara la rutina de trabajar todo el día y luego se sentara a "descansar" con un libro o un periódico por la tarde, ciertamente tarde o temprano, empezaría a sentirse bastante agotado y al paso del tiempo se sentiría peor, y ni siquiera le sorprendería ya no estar dispuesto a llevar a cabo tareas que una vez le eran muy fáciles.

¿Hay algo correcto que se pueda hacer? Sí. Un individuo que tiene fija su atención continuamente en algún objeto de trabajo, debería fijar de manera distinta su atención después de las horas de trabajo.

Existe un proceso conocido como "Dar un Paseo". Es muy simple realizarlo. Cuando uno se siente cansado al terminar su trabajo, debe salir y caminar alrededor de la manzana hasta sentirse descansado; aunque el sólo pensar en hacerlo le provoque casi un colapso. En pocas palabras, uno debería caminar alrededor de la manzana y mirar las cosas hasta ver las que se tienen cerca. No importa cuántas veces se haya caminado alrededor de la manzana, se debe hacer hasta sentirse mejor.

Se descubrirá que al principio uno se sentirá un poco más despierto y luego mucho más cansado, lo suficientemente cansado como para saber que debería ir a la cama y dormir toda la noche. Pero ése no es el momento de dejar de caminar, ya que está caminando a través del agotamiento; está eliminando el agotamiento a través del paseo. No maneja el agotamiento mediante ejercicio físico. El ejercicio físico siempre ha parecido ser el factor de mayor importancia para la gente, pero relativamente no la tiene. El factor importante es quitar la atención que está fija en el trabajo y ponerla en el mundo material en el que se está viviendo.

Las masas son realidad. Para incrementar la afinidad y la comunicación, es necesario ser capaz de confrontar y tolerar las masas realmente. Por lo tanto, se encontrará que pasear por la calle y mirar los edificios, nos eleva en la escala tonal. Cuando alguien está tan cansado que apenas se puede arrastrar, o tan cansado que es incapaz de descansar en absoluto, realmente es necesario que confronte las masas. Simplemente se encuentra en la parte baja de la Escala Tonal. Hasta es dudoso que exista el llamado "descenso de la energía física". Naturalmente, hay un límite para este proceso. Uno no puede trabajar todo el día y pasear toda la noche alrededor de la manzana e ir a trabajar al día siguiente esperando sentirse descansado. Pero debería dedicar cierto tiempo a extrovertirse después de haber estado introvertido todo el día.

"Dar un Paseo" es, dentro de lo que cabe, casi un curalotodo. Si uno se siente antagónico hacia su esposa, lo incorrecto es golpearla. Lo correcto es salir y dar un paseo hasta sentirse mejor; que ella también dé un paseo en dirección contraria hasta lograr extrovertirse de la situación. Se descubrirá que todos los conflictos internos, especialmente entre la gente que trabaja, se originan del hecho de que habiendo clavado excesivamente su atención (no por esforzarse demasiado) en el trabajo y en las situaciones relacionadas con él, se ha fallado en controlar ciertas cosas en el entorno del trabajo. Entonces uno llega a casa y trata de encontrar algo que sí *pueda* controlar. Generalmente es el cónyuge o los niños, y cuando también se fracasa en eso, es probable que descienda en la Escala de Tonal.

La extroversión de la atención es tan necesaria como el trabajo mismo. Realmente no tiene nada de malo introvertir la atención o trabajar. Si uno no tuviera algo que le interesara, estaría perdido por completo, pero si uno trabaja, encontrará que es probable que ocurra un cansancio que no es natural. En tal caso, la solución no es caer en la inconsciencia del sueño durante unas horas sino extrovertir realmente la atención y después tener un sueño reparador.

Este principio de la extroversión y la introversión tiene muchas ramificaciones[7], y aunque "Dar un Paseo" es casi risible por su simplicidad, existen procesos mucho más complejos, en caso de que uno deseara ponerse más complicado. Sin embargo, "Dar un Paseo" se hará cargo de una gran cantidad de dificultades relativas al trabajo. Recuérdese que al hacerlo se sentirá

7. **ramificación:** un efecto, consecuencia o resultado que se deriva de algo.

uno más cansado al principio y después se sentirá más fresco. Este fenómeno ha sido observado por los atletas. Se le llama el "segundo aire."[8] Este "segundo aire" es en realidad percibir suficiente entorno y suficiente masa para eliminar el agotamiento de la última carrera. No existe tal segundo aire. Lo que sí *existe* es un retorno a la extroversión en el mundo físico en el que uno vive.

Similar a "Dar un Paseo", existe otro proceso conocido como "Observar a la Gente". Si uno ha estado todo el día hablando con la gente, o ha estado vendiendo, o ha estado tratando con personas difíciles, lo incorrecto es huir de toda la gente que hay en el mundo. La persona que se fatiga excesivamente cuando trata con la gente, ha tenido grandes dificultades con ella. Quizás esa persona ha sido operada por doctores y su visión borrosa de ellos, de pie alrededor de la mesa de operaciones, ocasiona que identifique a toda la gente con doctores, es decir, con toda la gente que está de pie. Esta es, a propósito, una de las razones por las que los doctores llegan a ser tan aborrecidos en la sociedad, puesto que insisten en prácticas conocidas como cirugía y anestesia, y tales incidentes llegan a entrelazarse con los incidentes de la vida diaria.

El que uno se agote a causa del contacto con las personas, se debe a que se ha reducido su "havingness"[9] (otro término de Cienciología para la realidad) de la gente. La atención se ha fijado sobre ciertas personas, cuando uno sentía que debería estar en otras y el forzar así la atención ha reducido en verdad el número de personas que estaba observando. La atención fija en

---

8. **"segundo aire"**: del inglés *second wind* o segundo aliento: fuerza o energía reestablecida. La sensación descansada que uno obtiene después de cansarse al hacer algo y habituarse a ello. La facilitación de la respiración que sigue a la respiración difícil cuando uno hace un esfuerzo físico severo, como correr o nadar.

9. **havingness**: el concepto de ser capaz de alcanzar. Por havingness queremos decir poseer, ser propietario, ser capaz de mandar, hacerse cargo de objetos, energías y espacios.

unas cuantas personas puede limitar el número que uno puede "tener"; es decir, limita su realidad sobre la gente en general.

El remedio para esto es muy simple. Se debe ir a un lugar muy concurrido, como una estación de ferrocarril o una avenida importante, y simplemente caminar observando a la gente. Mirándola, nada más, descubriremos después de un rato, que sentimos que no es tan mala, y que tenemos una actitud mucho más bondadosa hacia ella, y lo que es más importante, la sensación de agotamiento por tener que trabajar con las personas tiende a desaparecer si se adopta la práctica de hacer esto todas las tardes durante algunas semanas.

Esta es una de las cosas más inteligentes que puede hacer un vendedor, ya que ante todo, él tiene un interés creado en poder tratar con la gente y lograr que haga exactamente lo que él quiere que haga, es decir, comprar lo que vende. Conforme el vendedor fija su atención solamente en un cliente de más, se cansa sólo ante la idea de hablar con la gente o de vender, desciende en la Escala Tonal en todas sus actividades y operaciones, empieza a considerarse a sí mismo como un estafador, y al final llega a pensar que es un inútil. Él, como los demás, sólo tiene que buscar lugares concurridos y caminar, mirando a las personas. Después de un rato descubrirá que la gente realmente existe y que no es tan mala. Una de las cosas que sucede a los altos gobernantes, es que continuamente se les "protege de" la gente y a la larga llega a disgustarles todo esto, y entonces están propensos a hacer toda clase de cosas extrañas (véanse las vidas de Hitler[10] y Napoleón).

Este principio de la extroversión y la introversión podría utilizarse en la sociedad mucho más ampliamente de lo que se

---

10. **Hitler, Adolfo:** (1889-1945) Dictador de Alemania de 1933 a 1945. Al ascender al poder en Alemania, fortificó su posición a través del asesinato de oponentes reales o imaginarios y mantuvo un control de estado totalitario sobre la población. Condujo a Alemania a la Segunda Guerra Mundial, lo que dio como resultado su destrucción casi completa.

utiliza. Hay algo que los gobiernos y las empresas en general podrían hacer, que probablemente acabaría con la idea de las huelgas y aumentaría la producción notablemente. Los trabajadores que van a la huelga, generalmente no están tan descontentos con las condiciones del trabajo, como con el trabajo en sí. Se sienten víctimas, obligados a trabajar en momentos en que no quieren trabajar y entonces la huelga llega como un alivio real. Pueden combatir algo. Podrían hacer algo más que quedarse allí y juguetear con una pieza de maquinaria o con un libro de contabilidad. Los trabajadores insatisfechos son los que van a la huelga. Si la gente se agota con el trabajo, si no está conforme con él, si está disgustada con el trabajo, puede darse por hecho que encontrará una cantidad suficiente de motivos de queja para ir a la huelga. Y si la gerencia experimenta dificultades y falta de cooperación por parte de los que ocupan puestos inferiores de mando, es seguro que, tarde o temprano, creará situaciones que harán que los trabajadores vayan a la huelga. En otras palabras, las malas condiciones de trabajo no son la razón de los problemas y los conflictos laborales. El cansancio mismo, la incapacidad para controlar el área y el medio ambiente del trabajo *son* la verdadera causa.

Cualquier empresario que cuente con ingresos suficientes para ello, pagará salarios justos si no está terriblemente aberrado, y cualquier trabajador al que se le dé una mediana oportunidad, desempeñará sus labores con gusto. Pero una vez que el entorno se vuelve excesivamente tenso, una vez que la compañía misma se introvierte por actos hostiles[11] con respecto al gobierno, una vez que a los trabajadores se les ha demostrado que no tienen control sobre la gerencia, pueden ocurrir conflictos laborales. Sin embargo, todos estos principios obvios tienen como fundamento la introversión y la extroversión. Los trabajadores llegan a introvertirse en tal forma en sus labores que ya

---

11. **acto hostil:** un acto dañino cometido intencionalmente, que se comete en un esfuerzo para resolver un problema.

no son capaces de tener afinidad por sus dirigentes y no son capaces de ver realmente el ambiente en el que trabajan. Por lo tanto, puede venir alguien y decirles que los ejecutivos son unos ogros, lo cual evidentemente no es verdad y a los ejecutivos decirles que los trabajadores son unos ogros, lo cual obviamente tampoco es cierto.

A falta de un tratamiento general para cada individuo, lo cual sería una labor gigantesca, podría desarrollarse un programa que resolviera el principio de la introversión. Es seguro que si los trabajadores o los gerentes se introvierten demasiado, encontrarán la manera de inventar juegos aberrados, como las huelgas, y así trastornarán la producción, las relaciones decentes y las condiciones de vida dentro de la fábrica, la oficina o el negocio.

El remedio sería extrovertir a los trabajadores en gran escala. Una solución podría ser la posibilidad de que todos los trabajadores tuvieran dos trabajos. Para esto sería necesario que las compañías o los organismos competentes, como por ejemplo el gobierno, llevaran a cabo suficientes proyectos de obras públicas para proporcionar trabajo a los obreros fuera de sus áreas de especialización. En otras palabras, un individuo que tuviera que trabajar bajo techo en una tarea fija, experimentaría considerable alivio si pudiera salir al exterior y desempeñar alguna tarea distinta. Como ejemplo, para un contador significaría un alivio considerable cavar zanjas durante un rato. Para el operador de un motor fijo, sería una experiencia muy agradable manejar una aplanadora.

Un programa de esta clase se haría cargo de la introversión y la extroversión de manera amplia. Los trabajadores que laboran en posiciones fijas, con su atención puesta muy cerca de ellos, podrían mirar con más amplitud y manejar cosas que tendieran a extrovertirlos. Este programa sería muy ambicioso, pero se encontrará de hecho que conduce a un mejoramiento de las relaciones obrero-patronales, al igual que de la producción y a una disminución considerable de la tensión pública y laboral con respecto a las cuestiones del trabajo y los salarios.

En resumen, hay muchas cosas que podrían hacerse con el principio básico de la extroversión y la introversión. El principio es muy simple: cuando un individuo se introvierte demasiado, las cosas se vuelven menos reales a su alrededor, tiene menos afinidad por ellas y no puede comunicarse bien con ellas. Además, es posible que lo que llegue a comunicar esté al nivel bajo en la Escala Tonal al que él descendió; de manera que recibirá en forma deficiente hasta las buenas noticias. En tales condiciones, se cansa fácilmente. La introversión provoca fatiga, agotamiento y después inhabilidad para trabajar. El remedio para esto es la extroversión: percibir y comunicarse con un ambiente más amplio. A menos que esto se practique, y en vista del hecho de que cualquier trabajador está expuesto a lesiones y a enfermedades de una clase o de otra, sobrevendrá una espiral descendente que hará que el trabajo sea cada vez menos y menos aceptable hasta que finalmente no pueda ejecutarse en absoluto y tendremos la base no sólo de una sociedad improductiva sino también criminal.

8

El hombre que triunfa

8

El hombre que triunfa

Las condiciones del éxito son pocas y pueden expresarse fácilmente.

En realidad, los trabajos no se conservan consistentemente por chiripas[1] del destino o de la fortuna. Quienes dependen de esta última, generalmente experimentan mala suerte. La habilidad para conservar un trabajo depende principalmente de la capacidad. Uno debe ser capaz de controlar su trabajo y ser capaz de ser controlado al desempeñarlo; además, debe ser capaz de dejar ciertas áreas sin control. La inteligencia está relacionada directamente con la capacidad. No se puede ser demasiado listo, pero sí demasiado estúpido.

Pero se puede ser capaz e inteligente y no triunfar. Una parte vital del éxito es la habilidad para manejar y controlar, no solamente la herramienta del oficio, sino también a la gente que nos rodea. Para lograrlo, uno debe ser capaz de tener un alto nivel de afinidad, debe ser capaz de tolerar realidades masivas, y también debe ser capaz de dar y recibir comunicación.

Entonces, los ingredientes del éxito son, primero: la habilidad para confrontar el trabajo con alegría y no con horror; el

---

1. **chiripa:** un golpe de suerte.

deseo de hacer el trabajo por el trabajo en sí, no porque "se tenga que recibir una paga". Uno debe ser capaz de trabajar sin provocarse ni experimentar agotamiento profundo. Si se experimenta alguna de estas cosas, algo anda mal. Existe algún elemento en su entorno que debería estarse controlando y no se controla, o las lesiones acumuladas son tales, que provocan que uno huya de la gente y de las masas con las cuales debería estar en contacto directo.

Los ingredientes del éxito en el trabajo son: entrenamiento y experiencia en la materia que se está abordando, buena inteligencia y habilidad en general, una capacidad para tener una gran afinidad, una tolerancia de la realidad y la habilidad de comunicar y recibir ideas. Si hay esto, la posibilidad de fracaso es muy pequeña. Habiendo esto, el hombre puede hacer caso omiso de las casualidades del nacimiento, del matrimonio o de la fortuna, pues ni el nacimiento, ni el matrimonio, ni la fortuna pueden poner a disposición de uno tales ingredientes necesarios. Una persona podría tener todo el dinero del mundo y, a pesar de ello, ser incapaz de desempeñar una hora de trabajo honesto. Tal persona sería sumamente infeliz.

La persona que intencionalmente rehúye el trabajo, por lo general trabaja por más tiempo y más arduamente que la que con gusto lo confronta y lo realiza. El hombre que no puede trabajar no es feliz.

El trabajo es el dato estable de esta sociedad. Sin algo que hacer, no hay nada por lo cual vivir. El hombre que no puede trabajar está prácticamente muerto, por lo general prefiere la muerte y trata de lograrla.

Los misterios de la vida, no son ahora, con Cienciología, tan misteriosos; el misterio no es un ingrediente necesario. Únicamente el hombre muy aberrado desea que los grandes secretos continúen ocultos para él. Cienciología ha penetrado en muchas de las complejidades que han surgido frente al hombre y ha descubierto la raíz de estos problemas. Por primera vez en la historia del hombre, Cienciología puede de manera predecible elevar la inteligencia, incrementar la habilidad, lograr la recuperación de la capacidad para jugar un juego y permitir al hombre escapar de la espiral descendente de sus propias incapacidades. Debido a eso, el trabajo en sí puede nuevamente convertirse en algo agradable y placentero.

Hay algo que se aprendió en Cienciología que es muy importante para el estado de ánimo del que trabaja. Con mucha frecuencia uno considera que en esta sociedad está trabajando por la paga inmediata, y que no contribuye de modo importante a la sociedad en general. Hay varias cosas que desconoce. Una de ellas es que hay muy pocos que sean buenos trabajadores. A nivel ejecutivo es interesante observar cuán verdaderamente valioso es para una compañía encontrar al hombre que puede manejar y controlar puestos y personas. Esas personas son escasas. Todo el vacío en la estructura de este mundo del trabajo diario se encuentra a nivel ejecutivo.

Hay otra cosa de mucha importancia, y es que ciertas filosofías mentales creadas para engañar al hombre han conducido a la creencia de que cuando uno muere, todo termina, y que uno no tiene responsabilidad adicional por nada. Es muy dudoso que esto sea cierto. Uno hereda mañana aquello por lo que murió ayer.

Otra cosa que se enseña es que el hombre no es indispensable. Es un mecanismo de filosofías antiguas el decir a los hombres que si creen que son indispensables, vayan a un cementerio y observen que esos hombres también eran indispensables. Esta es una gran estupidez. Si realmente observaras cuidadosamente las lápidas, encontrarías al maquinista que hizo funcionar las máquinas de ayer, sin las cuales no existiría la industria de hoy. Es de dudarse que una hazaña similar se esté llevando a cabo en este momento. Un trabajador no es tan sólo un trabajador, un obrero no es tan sólo un obrero, un oficinista no es tan sólo un oficinista. Son pilares importantes que viven y respiran y sobre los que se erige la estructura total de nuestra civilización. No son los engranes de una máquina enorme, sino la máquina misma.

Hemos llegado a un nivel muy bajo de habilidad para trabajar. Con frecuencia, las oficinas dependen de una o dos personas a lo sumo, y el resto del personal no parece sino añadir complejidad a las actividades. Los países progresan debido a la producción de unas cuantas fábricas. Es como si el mundo estuviera sostenido por un puñado de hombres desesperados, que trabajando al máximo, tratan de mantener al resto del mundo funcionando, pero podrían no lograrlo. Es a ellos a quienes está dedicado este libro.

F I N

Apéndice

A. Recuperarse de una lesión 121

B. Cómo manejar el trabajo 123

Recuperarse de una lesión

Si alguien se lastima, lo puedes ayudar de varias maneras. Con la ayuda[1] de Cienciología es más rápida la recuperación de alguna quemadura, contusión, o incluso de luxaciones o fracturas.

La ayuda más elemental se lleva a cabo fácilmente. Durante años el hombre ha sabido que la "imposición de manos" o el beso de una madre es una terapia efectiva. Incluso apretarse un miembro lastimado, cuando se tiene dolor, parece ayudar. Pero el hombre ha descuidado la parte más importante de la "imposición de manos". Esto se muestra a continuación.

Haz esto exactamente y con un mínimo de conversación.

Coloca el dedo índice, los dedos o la palma de la mano en el miembro lastimado, muy suavemente, y dile a la persona: "Pon tu atención en mi mano". Ahora cambia de posición tu dedo o tu palma, y haz que la persona ponga de nuevo su atención ahí.

Es mejor tocar a la persona en puntos que estén más lejos de su *cabeza* que de la *lesión*.

---

1. **ayuda:** procesos simples y fáciles de hacer que pueden aplicarse a cualquiera para ayudarlo a que se recupere más rápido de accidentes, enfermedades leves o molestias.

No hables en exceso. Pero, a medida que lo tocas, brevemente, punto tras punto, haz que ponga su atención en tu dedo, tus dedos o en la palma de tu mano.

De vez en cuando, cambia de punto. Manténte calmado. Muéstrate tranquilizador.

Si como resultado, la persona experimenta dolor o se estremece, continúa, ya que la ayuda está funcionando.

Continúa de esta manera durante varios minutos o media hora si fuera necesario, hasta que haya desaparecido el dolor o la molestia.

Durante la ayuda, la persona tiene los ojos cerrados.

No es el poder de tu dedo lo que está ayudando a la persona. Es el poder que ella genera al "mirar" tu dedo a través de su cuerpo. La estás poniendo en comunicación con la lesión. Su comunicación con dicha lesión produce la recuperación.

Normalmente, las lesiones, luxaciones, quemaduras, escaldaduras, fracturas, dolores de cabeza y resfriados se curan con lentitud, ya que el individuo está eludiendo esta área con su propia energía.

Una ayuda no es substituto de la atención médica y no pretende curar lesiones que requieran asistencia médica. En primer lugar llama a un doctor. Después ayuda a la persona como puedas.

Cómo manejar
el trabajo

Hazlo ahora.

Una de las mejores formas de reducir tu trabajo a la mitad es no hacerlo dos veces.

Probablemente tu fuente más fructífera de dev-t[1] es que trabajas doble.

Esta es la forma en que trabajas doble.

Toma un comunicado o un trabajo, léelo y después ponlo a un lado para hacerlo más tarde; después tómalo, léelo de nuevo y sólo entonces hazlo.

Por supuesto, esto duplica tu tráfico; así de fácil.

Una de las razones por las que puedo manejar mucho tráfico es que no lo hago dos veces. Sigo la regla inflexible de

---

1. **dev-t:** abreviatura de tráfico desarrollado; *tráfico desarrollado* no significa tráfico usual y necesario (flujo de personas o mensajes a través de las líneas de comunicación). Significa tráfico innecesario e inusitado, una gran cantidad de movimiento dónde únicamente el correcto era necesario.

---

que si estoy manejando un elemento del tráfico, lo manejo, no lo dejo pendiente ni lo pongo a un lado para hacerlo después.

Si reviso en mi canastilla en el centro principal de mensajes para ver qué hay, hago lo que encuentro ahí.

Si recibo un mensaje o un dato que requiera alguna acción posterior de mi parte, la llevo a cabo en cuanto recibo el mensaje.

Así es como compro "tiempo para descansar".

Ahora bien, no estoy tratando de ponerme como un modelo de virtudes, como el hombre que siempre hace su trabajo. Desempeño muchos trabajos y muchos hats[2]. Me estoy presentando como un ambicioso haragán y como un comprador de tiempo valioso para descansar.

No es necesario parecer ocupado si no lo estás.

No es necesario mimar[3] y acariciar el trabajo debido a que no hay suficiente.

Hay bastante trabajo por hacer. La mejor respuesta a cualquier tipo de trabajo es llevarlo a cabo.

Si haces cada trabajo que te llega *cuando* te llega y no después de un rato, si siempre tomas la iniciativa y actúas, sin

---

2. **hat:** del inglés *hat* que significa sombrero. Un hat es un deber especializado en una organización. El término *hat* se desarrolló en 1950 para uso de las organizaciones de Dianética como una tecnología especial. El término y la idea de un hat surge de conductores o maquinistas, etc., cada uno de ellos usa un tipo distintivo y diferente de gorra. Por lo tanto, un hat designa el puesto o el deber en particular en una organización.

3. **mimar:** manejar o tratar con halagos.

referir[4] el trabajo a alguien más, jamás recibirás ningún tráfico extra a menos que tengas a un psicótico en el otro extremo.

En resumen, la forma de deshacerse del tráfico es hacerlo, no referirlo; cualquier cosa que refieras tendrás que leerla, digerirla y manejarla otra vez, así que nunca refieras el tráfico, sólo llévalo a cabo de forma que quede terminado.

Puedes mantener una línea de comunicación en un constante estado de ebullición al pretender que la forma más fácil de no trabajar es no manejar las cosas, sino referirlas. Todo lo que no manejas, regresa y muerde. Todo lo que refieres, tienes que hacerlo cuando regresa a ti.

Así que, si en verdad te gusta descansar, si eres el tipo de persona que bosteza cómodamente y tiene agujeros en los talones de tanto subirlos al escritorio, si tu verdadera ambición es un largo período de fiebre primaveral[5], entonces harás lo que sugiero y manejarás todo lo que te llegue cuando te llegue y no después; nunca refieras nada a nadie si tú puedes hacerlo con rapidez.

Que la gente comience a señalarte como un modelo de eficiencia, como el que va a romper el próximo récord mundial de rapidez, que en los artículos empiecen a aparecer las maravillas que estás creando, será todo casual. Tú y yo sabemos que lo hicimos para poder holgazanear y no tener que trabajar. Ya que ciertamente se puede decir que la forma de hacer que tu trabajo sea largo y continuo es aplazar la acción cuando se recibe el mensaje y referirlo todo a alguien más. Ese es el

---

4. **referir:** enviar o dirigir (a alguien o algo) por ayuda, información, consideración o decisión.

5. **fiebre primaveral:** la desidia y el desgano que muchas personas sienten en los primeros días cálidos y soleados de primavera.

camino a la esclavitud, a los músculos cansados y a los cerebros destrozados. Esa es la manera de acumular el trabajo en las canastillas.

Así que ven a descansar conmigo.

Hazlo cuando lo veas y hazlo tú mismo.

Acerca del Autor

L. Ronald Hubbard es conocido en la actualidad como el escritor de libros de automejoramiento más celebrado en el mundo, por una razón muy importante: sus escritos expresan un conocimiento directo acerca de la vida y la naturaleza del hombre.

Como Ronald dijo: "No se aprende acerca de la vida sentándose en una torre de marfil pensando en ella, se aprende acerca de la vida siendo parte de ella". Y esa es la forma en la que vivió.

Nació en Tilden, Nebraska, el 13 de marzo de 1911 y su vida no fue de ningún modo resguardada. Creció en el rudo ambiente de Montana donde aprendió con rapidez que la supervivencia dependía totalmente de la habilidad personal.

En su juventud, viajó extensamente. A la edad de 19 años, había viajado un cuarto de millón de millas, incluyendo viajes a China, Japón y otros puntos en el Oriente y en el Pacífico del Sur, familiarizándose detenidamente con 21 razas diferentes en áreas a lo largo de todo el mundo.

Después de que regresó a los Estados Unidos, asistió a la Universidad George Washington, donde estudió ingeniería, matemáticas superiores e incluso fue miembro de una de las primeras clases en América donde se enseñó Física Nuclear.

A través de sus viajes, sus estudios formales y sus propias actividades profesionales, Ronald nunca se desvió de su propósito principal de proporcionar a la humanidad una tecnología funcional para mejorar la vida. Se había dado cuenta que no *existía* una tecnología real de la mente humana y descubrió que las "tecnologías" que. habían desarrollado en este planeta los practicantes relacionados con asuntos de la mente eran en realidad barbarismos. Estaba decidido a encontrar una solución a esto por medio de sus estudios de la humanidad y la vida.

Los resultados excelentes de su investigación tuvieron una amplia difusión en mayo de 1950 con la publicación de *Dianética: la ciencia moderna de la salud mental*. Este libro inmediatamente se convirtió en bestseller. Fue el primer libro en su clase, un manual práctico sobre la mente que cualquier persona podía leer, aplicar y usar directamente para experimentar un aumento de consciencia, un alivio respecto a las condiciones físicas indeseadas y una nueva vida.

Los descubrimentos de Ronald lo condujeron cada vez más al reino del espíritu humano. Se sucedieron un descubrimiento tras otro, haciendo a un lado las barreras que anteriormente eran insuperables, haciendo posible que el hombre alcanzara estados de existencia nunca antes imaginados. Estos avances se codificaron y se convirtieron en los principios fundamentales de Cienciología, una forma funcional para mejorar la vida en este mundo agobiado.

El libro *Los problemas del trabajo* fue escrito por Ronald para ayudar a resolver las dificultades que la gente encuentra al manejar una de las partes más importantes de su vida: el trabajo. En este libro, canalizó la gran capacidad de aplicación de la tecnología de Cienciología al mundo del trabajo. Al usar algunos de los materiales de este libro, la gente ha aprendido a superar las dificultades y problemas relacionados con su trabajo, que anteriormente parecían inevitables y abrumadores.

Ronald dedicó su vida a ayudar a otros y desarrolló técnicas que aseguraban la ruta a un nivel superior de comprensión, que cualquiera podía recorrer.

Sus obras —incluyendo un número asombroso de libros, conferencias grabadas en cinta, películas educativas, escritos, demostraciones e instrucciones— se estudian y se aplican en cientos de organizaciones de Dianética y Cienciología por todo el mundo. Además, millones de personas en todos los continentes aplican diariamente su tecnología en sus hogares, escuelas y lugares de trabajo para mejorar sus vidas y las de sus amigos, familiares y compañeros de trabajo.

Habiendo terminado y codificado su investigación, L. Ronald Hubbard dejó su cuerpo el 24 de enero de 1986.

La tecnología espiritual que proporcionó a la humanidad hace posible que alcancemos su sueño: "Una civilización sin demencia, sin criminales y sin guerra, donde el capaz pueda prosperar y los seres honestos puedan tener derechos y donde el hombre sea libre para elevarse a alturas mayores".

Sus obras hacen que este sueño se pueda alcanzar. Todo lo que se necesita es aplicar su tecnología.

Glosario

aberración: una desviación con respecto al pensamiento o comportamiento racional. Del latín, *aberrare,* desviarse; *ab,* lejos, *errare,* andar errante. Básicamente significa errar, cometer equivocaciones, o en forma más específica, tener ideas fijas que no son verdaderas. La palabra se usa también en su sentido científico. Significa desviarse de una línea recta. Si una línea debe ir de A a B, si está "aberrada" entonces irá de A a algún otro punto, a algún otro punto, a algún otro punto, a algún otro punto y finalmente llegará a B. Tomada en su sentido científico, significaría también la falta de rectitud o el ver torcidamente, por ejemplo, un hombre ve un caballo pero piensa que ve un elefante. La conducta aberrada sería una conducta equivocada o una conducta no apoyada por la razón. La aberración se opone a la cordura, que sería su opuesto.

acto hostil: un acto dañino cometido intencionalmente, que se comete en un esfuerzo para resolver un problema.

agitador: una persona que intenta excitar a la gente hacia la acción violenta mediante recurrir a las emociones, prejuicios, etc..

alinear: colocar en línea, poner en línea.

angloamericana: que pertenece o se relaciona con Inglaterra y América, especialmente los Estados Unidos de Norteamérica, o la gente de los dos países.

aspirante: una persona que tiene ambición hacia algo.

auditación: la aplicación de los procesos y procedimientos de Cienciología a alguien por parte de un auditor entrenado.

auditor: una persona entrenada y calificada en aplicar los procesos y procedimientos de Dianética y/o Cienciología a individuos para su mejoramiento; se le llama auditor porque *auditor* significa "alguien que escucha".

axiomas: declaraciones de las leyes naturales del mismo nivel que aquellas de las ciencias físicas.

ayudas: procesos simples y fáciles de hacer que pueden aplicarse a cualquiera para ayudarlo a que se recupere más rápido de accidentes, enfermedades leves o molestias.

beingness: el resultado de haber asumido o escogido una categoría de identidad. El beingness lo asume uno, se lo dan o lo alcanza. Ejemplos de beingness serían el nombre de una persona, su profesión, sus características físicas, su papel en el juego, todas y cada una de estas cosas podrían llamarse el beingness de uno.

calumnia: afirmación falsa, dañina para la reputación o posición de otra persona.

capital: riqueza (dinero o propiedades) poseída o usada por una persona en un negocio, empresa, etc..

Cienciología: una filosofía aplicada. Es el estudio y el manejo del espíritu en relación a sí mismo, a los universos y otras formas de vida. *Cienciología* significa *scio*, "conocimiento en el sentido más completo de la palabra", y *logos*, "estudio". Cienciología es una "ruta", un camino, más que una disertación o un cuerpo dogmático de conocimiento. A través de sus ejercicios y estudios una persona puede encontrar la verdad para sí misma. Por tal razón, la tecnología no se expone como algo que creer, sino algo que *hacer*.

circuito: una parte de la mente reactiva de un individuo que se comporta como si fuera alguien o algo separado de él, y que le habla y va en acción por impulso propio, y puede incluso si es suficientemente grave, tomar control sobre él mientras está funcionando. Una tonada que le da vueltas a uno en la cabeza, es un ejemplo de un circuito.

convulsión: cualquier disturbio violento, como una revuelta social o un terremoto.

cricket: juego de pelota de origen inglés que se practica con paletas de madera.

chiripa: un golpe de suerte.

deliberadamente: con la debida consideración. Voluntario, intencionado, hecho a propósito.

depresión: un período durante el cual los negocios, el empleo y el mercado de valores declinan severamente y permanecen en un nivel muy bajo de actividad.

descender por la escala: bajar de tono emocionalmente a emociones de bajo nivel en la Escala Tonal (tales como apatía, enojo, etc.). *Ver también* **Escala de Tono** en este glosario.

despótica: que tiene poder sin límite.

dev-t: abreviatura de tráfico desarrollado; *tráfico desarrollado* no significa tráfico usual y necesario (flujo de personas o mensajes a través de las líneas de comunicación). Significa tráfico innecesario e inusitado, una gran cantidad de movimientos donde únicamente el correcto era necesario.

Dianética: la escuela de la mente más avanzada del hombre. *Dianética* significa "a través de la mente" (del griego *dia*, a través, y *nous*, alma). *Dianética* se define además como "lo que el alma le está haciendo al cuerpo". Es una forma de controlar la energía de la cual está hecha la vida de tal manera que aporte mayor eficiencia en el organismo y en la vida espiritual del individuo.

Dickens: novelista inglés de finales del siglo XIX, notable por sus personajes pintorescos y extravagantes del estrato económico inferior de Inglaterra en ese entonces.

diligencia: hacer las cosas activa y expresamente. Aplicación de energía o propósito al trabajo.

dinastía: una sucesión de gobernantes que son miembros de la misma familia.

dispensario: cuarto o lugar en una escuela, campo o fábrica donde se administran medicamentos y primeros auxilios.

doctrina: algo que se enseña; enseñanzas.

eficiencia: el logro o la habilidad para ejecutar un trabajo con un mínimo de tiempo y esfuerzo.

E-Meter: Electrómetro Hubbard. Un instrumento electrónico para medir el estado mental y el cambio de estado en los individuos, como una ayuda para la precisión y la rapidez en la auditación. El E-Meter no está diseñado ni es efectivo para el diagnóstico, tratamiento o prevención de cualquier enfermedad.

empresa: un negocio establecido.

Escala Tonal: (o Escala de Tono) una escala en Cienciología, que muestra los tonos emocionales de una persona. Éstos, son en parte y desde el más alto al más bajo: serenidad, entusiasmo, conservatismo, aburrimiento, antagonismo, enojo, hostilidad encubierta, miedo, pesar, apatía. Se da un valor numérico arbitrario a cada nivel de la escala. Hay muchos aspectos de la Escala Tonal y usarlos hace posible la predicción de la conducta humana. Para más información sobre la Escala Tonal lee el libro *"La ciencia de la supervivencia"* de L. Ronald Hubbard.

escéptico: que se inclina a la duda, o la falta de fe en la verdad o eficacia de algo.

exigua: escasa, inadecuada en tamaño o cantidad, insuficiente; pobre.

fiebre primaveral: la desidia y el desgano que muchas personas sienten en los primeros días cálidos y soleados de primavera.

fortuito: que ocurre sin que se pueda preveer.

hat: del inglés *hat* que significa sombrero. Un hat es un deber especializado en una organización. El término *hat* se desarrolló en 1950 para uso de las organizaciones de Dianética como una tecnología especial. El término y la idea de un hat surge de conductores o maquinistas, etc., cada uno de ellos usa un tipo distintivo y diferente de gorra. Por lo tanto, un hat designa el puesto o el deber en particular en una organización.

havingness: el concepto de ser capaz de alcanzar. Por havingness queremos decir poseer, ser propietario, ser capaz de mandar, hacerse cargo de objetos, energías y espacios.

Himnos Védicos: las escrituras más antiguas del hinduismo. Himnos religiosos que son prácticamente el material o conocimiento más antiguo que se conoce aquí, en la Tierra, en forma de información.

Hitler, Adolfo: (1889-1945) Dictador de Alemania de 1933 a 1945. Al ascender al poder en Alemania, fortificó su posición a través del asesinato de oponentes reales o imaginarios y mantuvo un control de estado totalitario sobre la población. Condujo a Alemania a la Segunda Guerra Mundial, lo que dio como resultado su destrucción casi completa.

Homero: poeta griego semilegendario del siglo VIII A.C.

ideología: las ideas o creencias principales que caracterizan a una clase, grupo o movimiento en particular.

incidental: que es probable que suceda en conexión con algo.

inspiración: el hecho o la condición de estar animado o influenciado por un sentimiento, idea, impulso, etc..

instigación: un estado de excitación.

intención: algo que uno desea hacer. Uno intenta hacerlo, es un impulso hacia algo; es una idea de que uno va a lograr cierta cosa. Es intencional, lo cual significa que uno *desea* hacerlo.

intriga: conspiración secreta.

invalidar: refutar, degradar, desacreditar o negar algo que otra persona considera que es un hecho.

Islas de los Lotos: también la Tierra de los Lotos. En *La Odisea* de Homero, el héroe Ulises y su tripulación fueron arrastrados a la tierra de los comedores de lotos. Era gente que comía fruta de una planta que causaba que las personas perdieran la memoria sobre su casa o su familia. Ulises tuvo que obligar a su tripulación a regresar al barco para poder partir.

línea de comunicación: la ruta a través de la cual viaja una comunicación de una persona hacia otra; toda la secuencia por la que puede viajar cualquier clase de mensaje.

livingness: la actividad de seguir cierto curso, impelido (impulsado) por un propósito y con un lugar al que llegar.

Lógicas: métodos del pensamiento.

mala emoción: (del inglés *misemotion*) un término acuñado en Dianética y Cienciología para dar a entender una emoción o reacción emocional que es inapropiada a la situación de tiempo presente. Viene de *mis-* (equivocado, impropio) + *emotion* (emoción). Decir que una persona tenía mala emoción sería indicar que la persona no mostró la emoción requerida por las circunstancias reales de la situación. Tener mala emoción sería sinónimo de ser irracional. Uno puede juzgar con imparcialidad la racionalidad de un individuo por lo correcto de la emoción que muestra en una serie dada de circunstancias. Estar alegre y feliz cuando las circunstancias requieren alegría y felicidad sería racional. El mostrar aflicción sin suficiente causa en tiempo presente para ello sería irracional.

Marx, Karl: (1818-1883) Filósofo político alemán. Considerado por algunos como el fundador del socialismo moderno.

máxima: una regla de conducta o un principio expresado en forma concisa, o la declaración de una verdad general.

medios: cosas (especialmente dinero) necesarias para un propósito.

mente analítica: la mente consciente, que se da cuenta, que piensa, observa la información, la recuerda y resuelve problemas. Esencialmente, sería la mente consciente en oposición a la mente inconsciente. En Dianética y Cienciología, la mente analítica es la que está alerta y consciente, y la mente reactiva simplemente reacciona sin análisis.

mente reactiva: esa porción de la mente de la persona que funciona totalmente en una base de estímulo-respuesta (dado un cierto estímulo automáticamente da una cierta respuesta) que no está bajo su control volitivo (que tiene que ver con el poder de elección de la persona) y que ejerce fuerza y poder de mando sobre su consciencia, propósitos, pensamientos, cuerpo y acciones.

mimar: manejar o tratar con halagos.

miope: corto de vista. Capaz de ver claramente sólo lo que está cerca.

Napoleón Bonaparte: (1769-1821) Líder militar francés. Ascendió al poder en Francia mediante la fuerza militar, se declaró a sí mismo emperador y dirigió campañas de conquista a través de Europa, hasta su derrota final por parte de los ejércitos aliados en su contra, en 1815.

neurótica: conducta que caracteriza a la persona que está demente o perturbada en algún tema (en oposición a una persona psicótica, que está demente en general).

obsesionado: perseguido u hostigado mentalmente; con gran preocupación.

obsesivo: que tiene que ver con un impulso persistente que una persona no puede controlar.

ología: una rama del saber; ciencia: se usa en sentido humorístico.

oportunidad: un lapso de suerte, a menudo específicamente buena suerte.

oropel: cosa de poco valor y mucha apariencia.

patrón de entrenamiento: mecanismo de estímulo-respuesta establecido por la mente analítica para llevar a cabo una actividad, ya sea de una naturaleza de rutina o de una emergencia.

perpetrar: hacer o realizar (algo malo, criminal u ofensivo); ser culpable de algo.

plano: un nivel de desarrollo, realización, existencia, etc..

pormenor: detalle, dentro de una cantidad una sola cosa considerada por sí misma; una cosa o artículo individual.

preclear: una persona que, mediante el procesamiento de Cienciología, averigua más acerca de ella misma y la vida.

privación: falta en las necesidades o comodidades ordinarias de la vida.

procesarse: recibir un proceso o procesos.

proceso: un conjunto de preguntas que se hacen para ayudar a que la persona averigüe cosas acerca de ella misma o de la vida.

propiciación: actuar en una manera para reducir o aplacar el enojo o ganar el favor de otro; intentando calmar o tranquilizar.

ramificación: un efecto, consecuencia o resultado que se deriva de algo.

referir: enviar o dirigir (a alguien o algo) por ayuda, información, consideración o decisión.

régimen: una forma o manera de gobernar o dirigir.

reestimulado: tener reactivado un recuerdo pasado, debido a circunstancias similares en el presente que se aproximan a circunstancias del pasado.

"segundo aire": del inglés *second wind* o segundo aliento: fuerza o energía reestablecida. La sensación descansada que uno obtiene después de cansarse al hacer algo y habituarse a ello. La facilitación de la respiración que sigue a la respiración difícil cuando uno hace un esfuerzo físico severo, como correr o nadar.

sino: la posición de uno en la vida; suerte.

solidariamente: de forma solidaria; que está ligado a otros por una comunidad de intereses y responsabilidades.

terminal: cualquier cosa que se emplea en un sistema de comunicación; todo lo que puede recibir, transmitir o enviar una comunicación; un individuo sería una terminal, pero un puesto (posición, trabajo o deber al que una persona es asignada) también sería una terminal.

tiempo presente: el tiempo que es ahora y que se convierte en pasado casi tan rápidamente como es observado. Es un término que se aplica ampliamente al entorno que existe ahora.

tono emocional: la condición general de un individuo. Un nivel de emoción tal como se describe en la Escala Tonal: *ver también* **Escala Tonal** en este glosario.

vitalidad: vigor y energía, como en el movimiento, etc..

Índice

aberración, 69

abismos, ¿Qué daría uno por algo que le sacara de esa tediosa rutina?, 10

accidentes, cosas tales como accidentes y la suerte estarían bajo el propio control si sólo se pudiera entender sus principios fundamentales, 14

afinidad, 81
consideración de distancia, 91
íntimamente relacionada con el espacio, 91

agotamiento,
agotamiento crónico es el producto de la acumulación de golpes y lesiones inherentes de la vida, 100
la gente neurótica sencillamente parece agotada, 100
ruina del individuo empieza cuando ya no puede trabajar, 97
un campo donde el trabajo se ha impedido, 99

anatomía,
de la confusión, 22, 23
del control, 52

automatización,
podría ser una bendición para el mundo entero, 36
si la automatización deja a la gente sin empleo, es que a *alguien* no se le permitió inventar nuevos trabajos para nosotros, 36

averías mecánicas, 51

ayuda, 121
no es substituto de la atención médica, 122

buena suerte, 10

cansado, 97

capital, 10

caridad, 20

certeza,
es ausencia de confusión, 25
te sorprenderá ver cómo aumenta su certeza, 25

ciclo de acción, 48

ciencia, una ciencia de la vida sería una ciencia del buen orden, 14

Cienciología,
es una ciencia de la vida y
funciona; trata adecuada-
mente las reglas básicas
de la vida e introduce
orden en el caos, 14
es una ciencia de la vida, 13
pone al individuo en control de
sí mismo, 14
puede incrementar la
inteligencia humana
y lo hace, 14
puede mejorar y mejora la
conducta humana, 14
puede reducir el tiempo de
reacción y quitar años en
la apariencia de un
individuo, 14
comer, para comer, necesitamos
tener un trabajo, 9
competencia, 75
comunicación, 71, 81
cuando la comunicación
empieza a fallar, la
afinidad empieza a
descender, 93
flujo de ideas o partículas a
través del espacio entre
sólidos, 91
condiciones de trabajo, 11, 12
confianza, 75
confusión,
def. cualquier conjunto de
factores o circunstancias
que no parecen tener
ninguna solución
inmediata, 22
def. movimiento fortuito, 22
*def. movimiento fortuito,
incontrolado,* 26
busca un punto de entrada
a su confusión, 25
causa básica de la estupidez, 22
confusiones están compuestas
de datos, factores o
partículas, 25

confusión, *(cont.)*
cuando *todas* las partículas
parecen estar en
movimiento, detengamos
una y veamos cómo se
mueven las demás con
respecto a ella y así
tendremos menos
confusión presente, 27
Doctrina del Dato Estable, 23
encontraremos que la confusión se debilita debido
al dato estable, y que
cuando éste se tambalea,
la confusión se presenta
nuevamente, 28
escogiendo una como *dato
estable,* se puede alinear
a las demás, 27
es incertidumbre, la confusión
es estupidez, la confusión
es inseguridad, 25
hasta que uno selecciona *un*
dato, *un* factor, *un*
pormenor en una
confusión de partículas,
la confusión continúa, 24
la certeza, la inteligencia y la
seguridad son la ausencia
de confusión o la habilidad
para manejarla, 26
los que no pueden ejercer ningún
control, realmente fomentan
las confusiones, 26
mira cómo funcionan las otras en
relación a ésta, habrás estabilizado la confusión, 25
para confundir a cualquiera,
todo lo que hay que hacer
es encontrar sus datos
estables e invalidarlos, 29
pronto dominarás por completo
la confusión, 25
puede decirse acertadamente que
todas las dificultades son
sin duda confusiones, 21

confusión, *(cont.)*
si alguien estuviera en medio de una fuerte tormenta, con hojas y papeles volando a su alrededor, probablemente se sentiría confuso, 22

una confusión es una confusión sólo mientras *todas* las partículas estén en movimiento, 22

consumo,
los anuncios en los medios de transporte, periódicos, calles, radio, televisión, nos impulsan a poseer todo tipo de cosas, 9

no podemos adquirirlas con el dinero que ganamos, 9

continuar, entre la gente de provecho y muy racional, se encuentran aquéllos cuya mayor habilidad es continuar las cosas, 57

control,
acumular fracasos en el control, 73

cosas tales como accidentes y la suerte estarían bajo el propio control, si sólo se pudiera entender sus principios fundamentales, 14

el control puede emplearse para propósitos constructivos o para propósitos destructivos, pero se descubrirá que cuando se *intentan* propósitos destructivos, se usa mal control, 27

el secreto de realizar un buen trabajo, es el secreto del control en sí, 62

esas cosas dejadas a la suerte es poco probable que se resuelvan solas, 21

control, *(cont.)*
habilidad para controlar, 73

hay *buen* control y *mal* control. La diferencia entre ambos es certeza e incertidumbre. El buen control es seguro, positivo, predecible. El mal control es incierto, variable e impredecible, 26

la diferencia entre bueno y malo es el *grado,* 26, 27

los que no pueden ejercer ningún control, realmente fomentan las confusiones, 26

no positivo y descuidado, no puede predecirse, 27

puede subdividirse en tres partes; estas partes son: *comenzar, cambiar* y *parar,* 47

sólo aquellos que pueden ejercer cierto control sobre ese movimiento fortuito, pueden manejar las confusiones, 26

una persona cuerda y en muy buen estado no resiente el control bueno y positivo, 51

una persona que no está en muy buenas condiciones, resiente aun las indicaciones más simples y en realidad no es capaz de controlar personas ni objetos, 51

un control completo, positivo, puede ser predicho por los demás, 27

cooperación, 59

coordinación, 59

creativo, vale la pena mencionar que la gente que sólo puede iniciar cosas, generalmente es creativa, 56

Dar un Paseo, proceso, 105, 106
dato básico, 25
dato estable,
   aquello que se selecciona, se
      convierte en el *dato estable*
      con respecto a los demás, 24
   busca un punto de entrada
      a su confusión, 25
   datos estables no tienen que ser
      verdaderos, 29
   Doctrina del Dato Estable, 23
   encontraremos que la confusión
      se debilita debido al dato
      estable, y que cuando este
      se tambalea, la confusión
      se presenta nuevamente, 28
   escogiendo una como *dato*
      estable, se puede alinear
      a las demás, 27
   es simplemente el que evita que
      las cosas estén en
      confusión y según el cual
      los demás datos se
      alinean, 24
   invalidando éste, todo el cuerpo
      de conocimiento se
      derrumba, 24
   para confundir a cualquiera,
      todo lo que hay que hacer
      es encontrar sus datos
      estables e invalidarlos, 29
   para la confusión de la
      existencia, es el *trabajo* y el
      dato estable del trabajo es
      el propósito, 39
   te sorprenderá ver cómo
      aumenta su certeza, 25
   todo cuerpo de conocimiento
      se desarrolla a partir de
      un dato, 24
demencia, 60
   conforme aumenta el número
      de maquinaria automática
      en nuestra sociedad,
      aumenta igualmente el
      porcentaje de gente
      demente, 34

demencia, *(cont.)*
   una persona demente podría
      sanar, simplemente conven-
      ciéndola de que tiene algún
      propósito en la vida, 36
   un hombre cuerdo tiene
      dificultades en un medio
      demente. Un hombre
      demente tiene problemas
      aun en el medio más
      cuerdo y ordenado, 60
depresión, 20
descanso, partes de la vida, [...]
   una décima: el descanso, 12
desesperación, 10
destino, aceptamos una masa
      desordenada de casualidades
      como nuestro destino, 8
dev-t, 123
dificultades, puede decirse
      acertadamente que todas las
      dificultades son esencial-
      mente confusiones, 21
economía, y la lucha por obtener
      un salario constituyen las
      siete décimas partes de la
      existencia, 12
educación, fracasa en un noventa
      y nueve por ciento y ese
      fracaso es debido a que el
      estudiante estaba confuso, 23
eficiencia,
   def. la habilidad de jugar el
      juego que se tiene, 72
ejecutivo, controla mentes,
      cuerpos, colocación de
      comunicaciones, materias
      primas y productos, 45
empleado, controla
      principalmente sus
      herramientas inmediatas, 45
empleo,
   curso por correspondencia para
      tener alguna ventaja sobre
      nuestros compañeros, 8
   diligencia, 5, 6
   educación, 5, 6

empleo, *(cont.)*
 licencia de enfermedad, 8
 mejor paga, 7
 nos esforzamos un poco, nos vestimos bien y con pulcritud
   para solicitar un empleo, 8
 para vivir, tenemos que seguir
   siendo aceptables en
   nuestro empleo, 9, 10
 relaciones familiares, 5
 sacrificamos el tiempo de sueño
   y descanso para encontrar
   las soluciones que
   salvarían a la compañía, 7
 simpatía personal, 5
 su meta es la seguridad, 9
Era Industrial, 11
Escala Tonal, 86, 89, 101
Escala Tonal del ARC, 102
existencia,
 economía y la lucha por obtener
   un salario constituyen las
   siete décimas partes de la
   existencia, 12
 el papel del trabajo en la
   existencia es más importante que cualquier otro, 11
 tiene el papel principal en
   nuestra existencia, 11
éxito, los ingredientes del éxito, 115
extroversión, 101
 significa ser capaz de mirar
   hacia afuera, 102
familia, partes de la vida, [...] una
   décima: la familia, 12
frenético, 53
hambre, 9
Himnos Védicos, 48
Hitler, 108
Homero, 36
impotencia, 53
incertidumbre,
 debido a que el dato estable ha sido
   sacudido, 29
 el sino del hombre en el mundo
   del trabajo diario es la
   incertidumbre, 9

incompetencia, 53
individualidad, 68
ineficiencia, *def.* la inhabilidad de
   jugar el juego que se tiene, 72
ingresos, mal estado mental, 12
inseguridad,
 cuando no sabe si va o no a ser
   despedido, y por eso se
   preocupa, 12
 el caos de la inseguridad se
   debe al caos de la
   información acerca del
   trabajo y de la gente, 11
 es *el no saber,* 12
 existe en ausencia del
   conocimiento, 12
inteligencia,
 está relacionada directamente
   con la capacidad, 115
 habilidad para manejar la
   confusión, 25
intención, el control puede
   emplearse para propósitos
   constructivos o para
   propósitos destructivos, pero
   se descubrirá que cuando se
   intentan propósitos destructivos, se usa mal control, 27
introversión, 101
 las cosas se vuelven menos
   reales, 111
 provoca fatiga, agotamiento y
   después inhabilidad para
   trabajar, 111
 significa mirar hacia dentro
   muy minuciosamente, 101
invalidar, para confundir a cualquiera, todo lo que hay que
   hacer es encontrar sus datos
   estables e invalidarlos, 29
juego, 67
 def. actividad sin propósito, 35
 def. trabajo sin un propósito, 35
 el lema de cualquier individuo
   o equipo viviente es:
   "Debe existir un juego", 71

juego, *(cont.)*
está compuesto de control y no-control, 73
la vida como un juego, 68
oponente o un enemigo, 68
un juego consiste en libertades, barreras y propósitos, 68
labor monótona, 10
línea de comunicación, 46
loca, la gente sin nada que hacer, sin propósito, muy fácilmente se vuelve neurótica o loca, 12
mala suerte, 10
máquina, un mundo donde la máquina es soberana, hace del hombre un engrane, 9
Marx, 98
mente analítica, 74
mente reactiva, 73
meta, su meta es la seguridad, 9
miope, 70
misterios de la vida, 116
modelo de eficiencia, 125
Napoleón, 57, 108
negocios, mecanismo conflictivo de la fortuna, en los negocios, 8
neurótica,
la gente sin nada que hacer, sin propósito, muy fácilmente se vuelve neurótica o loca, 12
Observar a la Gente, proceso, 107
oportunidades, para progresar, tenemos que confiar en las oportunidades, 10
orden,
sólo necesita elegir su *primer* blanco de atención para iniciar el ciclo que traerá el orden nuevamente, 24
una ciencia de la vida sería una ciencia del buen orden, 14
paga, mejor paga, 7
parar, aquellos que la sociedad emplea para parar cosas, 57

patrón de entrenamiento, 89
personalidad extrovertida,
es aquella capaz de mirar a su alrededor en el ambiente, 102
personalidad introvertida,
está huyendo de los sólidos, 102
sólo es capaz de mirar hacia dentro de sí misma, 102
sufrió agotamiento desde hace tiempo, 102
política, partes de la vida [...] una décima: la política, 12
predecir, 67
problema, 68
producción, 71
progresar, para progresar, tenemos que confiar en las oportunidades, 10
propiciación, 85
propósito, 69
y el dato estable del trabajo es el propósito, 39
prosperidad, y si a quienes compete no equivocaran la economía básica y crearan suficiente dinero para que compráramos todos los productos nuevos, entonces *habría* verdadera prosperidad, 36
propósitos contrarios, 69
realidad, 81
está más íntimamente ligada con los sólidos, 91
recuperación, de una quemadura, contusión, o incluso de luxaciones o fracturas, 121
reestimulado, 74
revolución, *ninguna* revolución ha ganado nunca nada, 37
salario, economía y la lucha por obtener un salario constituyen las siete décimas partes de la existencia, 12
salud, 20

seguridad,
a medida que la seguridad
empeora en una nación, la
demencia aumenta, 11
el conocimiento de las reglas
generales y fundamentales
de la vida produciría una
seguridad en la vida, 13
el hombre que *sabe,* está seguro, 12
es en sí una comprensión, 12
habilidad de atravesar la
confusión, de rodearla o
de ordenarla, 25, 26
su meta es la seguridad, 9
toda seguridad se deriva del
conocimiento, 12
sociedad,
creativa, 57
destructiva, 57
ser marginado por ella, 35
suerte,
def. es la esperanza de que
alguna casualidad no
controlada nos sacará de
apuros, 26
confiar en la suerte es confiar
en un estado de
desconocimiento, 13
cosas tales como accidentes y la
suerte estarían bajo el
propio control, si sólo se
pudiera entender sus principios fundamentales, 14
debe ser entonces la suerte, y
nada más que la suerte,
de lo que depende todo, 8
depender de la suerte es
abandonar el control; es
apatía, 26
el hombre que no sabe, cree en
la suerte, 12
esas cosas dejadas a la suerte es
poco probable que se
resuelvan solas, 21
es casualidad, 13
no es de extrañar que sólo
creamos en la suerte, 9

supervisión, 59
tensión de la inseguridad, 10
todo marcha sobre ruedas, 84
trabajador,
buen trabajador, 46
crea los bienes, 10
mal trabajador, 46
medios para vivir, 10
trabajo,
aceptamos una masa
desordenada de
casualidades como
nuestro destino, 8
actividad con propósito, 35
curso por correspondencia para
tener alguna ventaja sobre
nuestros compañeros, 8
dato estable de esta sociedad, 116
debe ser entonces la suerte, y
nada más que la suerte,
de lo que depende todo, 8
diligencia, 7
educación, 5, 6
el conocimiento de las reglas
generales y fundamentales
de la vida produciría una
seguridad en la vida, 13
el derecho a trabajar equivale a
que se nos niegue el ser
parte de la sociedad en la
que vivimos, 33
el papel del trabajo en la
existencia es más
importante que cualquier
otro, 11
el trabajo y la seguridad son
partes de la vida, 11
es algo que se crea, 34
gastamos más de la tercera
parte de nuestra vida en
el trabajo, 11
herramientas, 78
ingredientes del éxito en el
trabajo, 116
la búsqueda de la seguridad es
la búsqueda de la
constancia y la paz, 10

trabajo, *(cont.)*
la habilidad para conservar un
trabajo depende principalmente de la capacidad, 115
la inteligencia parece no tener
ninguna importancia, 7
la respuesta es una revolución
brutal y sangrienta, 10
las grandes revoluciones
ocurren por la
incapacidad de las masas
para trabajar, 37
la vida evoluciona hacia
mejores condiciones por
medio del trabajo arduo,
no mediante amenazas, 37
licencia de enfermedad, 8
mal estado mental, 12
mejoraríamos las condiciones
de trabajo, 12
mejor paga, 7
no es una labor monótona sino
algo que hacer, 12
no importa que el propósito sea
bueno o malo lo
importante es que exista
tal propósito, 37
ojo "experimentado", 8
para comer, necesitamos tener
un trabajo, 10
para la confusión de la
existencia, es el *trabajo* y el
dato estable del trabajo es
el propósito, 39
para obtener, conservar y
mejorar un trabajo, se
tendrían que conocer las
reglas exactas y precisas
de la vida, 13
pensión, 19
relaciones personales, 6
sacrificamos el tiempo de sueño
y descanso para encontrar
las soluciones que
salvarían a la compañía, 7
sangrientas guerras y revoluciones de la historia, 10

trabajo, *(cont.)*
siete décimas partes de la vida
son trabajo, 12
simpatía personal, 5
su meta es la seguridad, 9
tiene el papel principal en
nuestra existencia, 11
todo trabajo es un juego, 68
una de las mejores formas de
reducir tu trabajo a la
mitad es no hacerlo dos
veces, 123
un mundo donde la máquina
es soberana, hace del
hombre un engrane, 9
triángulo ARC, 81, 86, 88, 92
ligado íntimamente a una
habilidad para controlar y
una habilidad para dejar
sin control, 93
simplemente es el tono
emocional que es la
afinidad, la materialidad
de las cosas o que es la
realidad, y la capacidad
relativa de comunicación
respecto a ellas, 91
ventaja, curso por correspondencia
para tener alguna ventaja
sobre nuestros compañeros, 8
vitalidad, medios para recuperar
la vitalidad y el entusiasmo
por trabajar, 101
vivir,
algunos dicen que gastamos la
tercera parte de nuestra
vida en la cama, y por lo
tanto las camas son
importantes, 11
el trabajo y la seguridad son
partes de la vida, 11
esas cosas dejadas a la suerte es
poco probable que se
resuelvan solas, 21
gastamos más de la tercera
parte de nuestra vida en
el trabajo, 11

vivir, *(cont.)*
la vida es competitiva, 39
la vida evoluciona hacia
mejores condiciones
por medio del trabajo
arduo, no mediante
amenazas, 37
para obtener, conservar y
mejorar un trabajo, se
tendrían que conocer las

vivir, *(cont.)*
reglas exactas y precisas
de la vida, 13
para vivir, tenemos que seguir
siendo aceptables en
nuestro empleo, 9, 10
si la vida parece ser caótica,
cuestión de conjeturas y
casualidad, entonces el
trabajo parecerá caótico, 11

Libros y Cintas por L. Ronald Hubbard

Libros básicos de Cienciología^{M.R.}

El paquete de libros básicos de Cienciología, que incluye *Los problemas del trabajo,* contiene el conocimiento que necesitas para poder mejorar las condiciones en la vida. Estos libros están disponibles por separado o todos juntos en un bello estuche.

Cienciología: los fundamentos del pensamiento • Mejora la vida y haz un mundo mejor usando este libro fácil de leer, que expone las verdades fundamentales de la vida y el pensamiento. Nunca antes ha existido un conocimiento similar ni se han podido obtener resultados semejantes a los que se pueden lograr con el uso de este conocimiento. Equipado sólo con este libro, puedes realizar milagros al cambiar el estado de salud, la habilidad y la inteligencia de las personas. Así *es* como funciona la vida, así *es* como cambias a hombres, mujeres y niños para mejorarlos, y lograr más libertad personal.

Un nuevo punto de vista sobre la vida • Te has preguntado alguna vez "¿Quién soy?", "¿Qué soy?" Este libro de artículos de L. Ronald Hubbard responde a estas preguntas tan frecuentes. Este es un conocimiento que se puede usar todos los días, ¡para tener un nuevo punto de vista sobre la vida, más seguro y feliz!

Cienciología 0-8: el libro de los fundamentos • ¿Qué es la vida? ¿Sabías que un individuo puede crear espacio, energía y tiempo? Aquí están los fundamentos de la vida misma, y los secretos para convertirte en causa sobre cualquier área de tu vida. Descubre cómo puedes usar los datos de este libro para lograr tus metas.

Diccionario básico de Dianética y Cienciología • Compilado de las obras de L. Ronald Hubbard, este conveniente diccionario contiene los términos y expresiones necesarios para cualquiera que esté aprendiendo la tecnología de Dianética y Cienciología, y un *regalo especial*, una tabla con el organigrama de Cienciología, fácil de leer, que te muestra cómo ponerte en contacto para recibir servicios e información en la organización de Cienciología más cercana.

Paquete de la biblioteca de OT[1]

Los siguientes libros contienen el conocimiento de la relación del ser espiritual con este universo y cómo se pueden restaurar sus habilidades para actuar con éxito en él. Puedes adquirir estos libros de uno en uno o en un paquete completo en un atractivo estuche.

Cienciología 8-80 • ¿Cuáles son las leyes de la vida? Todos estamos familiarizados con leyes físicas como la ley de la gravedad, pero ¿qué leyes gobiernan la vida y el pensamiento? L. Ronald Hubbard resuelve los enigmas de la vida y sus metas en el universo físico.

---

1. **OT***: abreviación de **Thetan Operante,** un estado de beingness (la condición de ser). Es un ser "en causa sobre la materia, la energía, el espacio, el tiempo, la forma y la vida". *Operante* viene de "ser capaz de operar sin depender de las cosas", y thetan es de la letra griega *theta* (θ), que los griegos usaban para representar el *pensamiento* o el *espíritu*, al cual se le agrega una *n* para hacer un sustantivo en el estilo moderno que es usado para crear palabras de ingeniería. Es también θ^n o "theta al enésimo grado", que significa sin límite o vasta.

Cienciología 8-8008 • Obtén las verdades básicas acerca de tu naturaleza como ser espiritual y tu relación con el universo físico que te rodea. L. Ronald Hubbard describe procedimientos destinados a aumentar tus habilidades hasta alturas que antes sólo podían soñarse.

Cienciología: una historia del hombre • Una mirada fascinante a los antecedentes evolutivos y a la historia de la raza humana. Este fue el primer libro de Ronald sobre la larga línea temporal del hombre; como Ronald dijo: "es una narración a sangre fría y basada en hechos de tus últimos 60 trillones de años".

La creación de la habilidad humana • Este libro contiene procesos destinados a restaurar el poder de un thetan sobre sus postulados, a que comprenda la naturaleza de su beingness, a que libere su autodeterminación, y muchísimo más.

Libros básicos de Dianética^{M.R.}

El paquete de libros básicos de Dianética es tu guía completa para los mecanismos internos de la mente. Puedes conseguir estos libros de uno en uno o en un paquete completo con un estuche.

Dianética: la ciencia moderna de la salud mental • Aclamado como el libro más eficaz de autoayuda que se haya publicado, la tecnología de Dianética ha ayudado a millones de personas a alcanzar nuevas dimensiones de libertad y habilidad. ¡Cada año se venden millones de ejemplares! Descubre la fuente de las barreras mentales que te impiden alcanzar tus metas, ¡y cómo acabar con ellas!

Las dinámicas de la vida • Atraviesa las barreras de tu felicidad. Este es el primer libro que Ronald escribió, y detalla los sorprendentes principios que hay tras la Dianética, hechos que son tan poderosos que pueden cambiar para siempre la forma en que te ves a ti mismo y a tus potenciales. Descubre cómo puedes usar los poderosos principios básicos que hay en este libro para atravesar las barreras de tu mente y ganar pleno control sobre tu éxito, tu futuro y tu felicidad.

Autoanálisis • El manual completo para usarse por cualquiera que desee mejorar sus habilidades y éxito potencial. Usa las técnicas sencillas y fáciles de aprender que hay en *Autoanálisis* para desarrollar la confianza en ti mismo y reducir la tensión emocional.

Dianética: la evolución de una ciencia • Se ha calculado que usamos menos del diez por ciento de nuestro potencial mental. ¿Qué nos impide desarrollar y usar el potencial completo de nuestra mente? *Dianética: la evolución de una ciencia* es la increíble historia de cómo L. Ronald Hubbard descubrió la mente reactiva y cómo desarrolló la clave para desentrañar sus secretos. Obtén este relato directo de qué es la mente en realidad y cómo puedes liberar su potencial oculto.

Libros para el graduado de Dianética

Estos libros de L. Ronald Hubbard te dan conocimientos detallados de cómo funciona la mente, datos que puedes usar para ayudarte a ti mismo y ayudar a los demás a escapar de las trampas de la vida. Aunque puedes adquirir estos libros de uno en uno, también puedes comprar el paquete completo en un atractivo estuche.

La ciencia de la supervivencia • Si alguna vez te preguntaste por qué las personas actúan como lo hacen, descubrirás en este libro abundancia de información. Es vital para cualquiera que desee comprender a los demás y mejorar las relaciones personales.

La ciencia de la supervivencia está construido en torno a una tabla notable: La tabla Hubbard^M.R. de evaluación humana. Con este libro puedes comprender y predecir el comportamiento y las reacciones de otras personas y aumentar en gran medida tu control sobre tu propia vida. Es un valioso manual que puede suponer la diferencia entre el éxito y el fracaso en el trabajo y en la vida.

¡Dianética 55! • Tu éxito en la vida depende de tu habilidad para comunicarte. ¿Sabes que existe una fórmula para la comunicación? Aprende las reglas de una mejor comunicación, que pueden ayudarte a llevar una vida más satisfactoria. Aquí, L. Ronald Hubbard se ocupa de los principios fundamentales de la comunicación y cómo puedes dominarlos para alcanzar tus metas.

Procedimiento avanzado y axiomas • Por *primera* vez, los principios fundamentales del pensamiento y del universo físico se han codificado en un conjunto de leyes fundamentales que indican toda una nueva forma de contemplar y abordar los temas del hombre, el universo físico e incluso la vida misma.

Manual para preclears • Escrito como un libro de trabajo personal avanzado, el *Manual para preclears* contiene procesos que se llevan a cabo con facilidad para ayudarte a vencer el efecto de las ocasiones en que no tuviste el control de tu vida, ocasiones en que tus emociones fueron una barrera para tu éxito, y mucho más. Terminar los quince pasos de auditación contenidos en este libro te prepara para tener de verdad el *control* de tu entorno y de la vida.

Dianética Infantil • Aquí hay un nuevo enfoque revolucionario para la crianza de los hijos con técnicas de auditación de Dianética. Descubre cómo puedes ayudar a tus hijos a lograr más seguridad, más confianza en sí mismos, mayor velocidad de aprendizaje y una relación contigo más feliz y cariñosa.

Notas sobre las conferencias de L. Ronald Hubbard • Compilado de sus fascinantes conferencias dadas poco después de la publicación de *Dianética*, este libro contiene algo del primer material que Ronald dio a conocer sobre el triángulo ARC y la Escala de Tono, y cómo se relacionan estos descubrimientos con la auditación.

Libros básicos para ejecutivos

El paquete de libros básicos para ejecutivos consiste en el libro *Los problemas del trabajo* y los dos libros mencionados a continuación. Están disponibles cada uno por separado, o como un paquete con un atractivo estuche.

Cómo vivir a pesar de ser un ejecutivo • ¿Cuáles son los factores en los negocios y en el comercio cuya carencia puede mantener a una persona sobrecargada de trabajo y preocupada, a los trabajadores y a la dirección enemistados, y crear un entorno laboral inseguro? L. Ronald Hubbard revela estos principios basados en años de investigación en muchos tipos distintos de organizaciones.

Introducción a la ética de Cienciología • Un conocimiento completo de la ética es vital para el éxito de cualquiera en la vida. Sin conocer y aplicar la información de este libro, el éxito no es más que una cuestión de suerte; lo que no es algo que se deba anhelar. Este libro contiene las respuestas a preguntas como: ¿Cómo sé cuándo una decisión es correcta o incorrecta? ¿Cómo puedo mejorar las cosas a mi alrededor de una manera predecible? La poderosa tecnología de L. Ronald Hubbard sobre la ética es tu camino hacia un aumento continuo de la supervivencia.

El Paquete de libros sobre Purificación*

Los libros del paquete sobre purificación contienen información sobre El programa de Purificación: la única forma efectiva de eliminar del cuerpo los residuos de elementos tóxicos y drogas, limpiando así el camino para lograr mejoría mental y espiritual. Están disponibles cada uno por separado, o como un paquete con un atractivo estuche.

Cuerpo limpio, mente clara: el programa efectivo de Purificación • Este libro contiene toda la información sobre el programa de Purificación de L. Ronald Hubbard: el único programa existente de su tipo que anula muchos de los efectos dañinos de la radiación acumulada; también elimina del cuerpo los residuos de drogas y otras toxinas. Los efectos de la radiación y de las sustancias químicas pueden acabar con la habilidad de una persona para mejorar o vivir la vida. Este libro describe qué se puede hacer acerca de esto en una forma que es fácil de leer y comprender por cualquiera.

Purificación: una respuesta ilustrada a las drogas • Este libro, conciso y completamente ilustrado, explica el programa de Purificación. Nuestra sociedad está saturada de abusos de drogas, alcohol y medicamentos que reducen la habilidad de las personas para pensar con claridad. Este libro explica lo que puede hacerse ante este problema, de tal manera que cualquiera pueda leerlo y entenderlo.

Manual para entregar el Rundown de Purificación [Purification RundownM.R.**]** • Este manual guía a la persona, paso a paso, a través del Rundown de Purificación (un Rundown es una serie de pasos de procesamiento, *ver* **proceso** en el glosario). Incluye todos los informes necesarios y tiene espacios para que la persona escriba sus éxitos y testifique la terminación del programa. Este manual facilita la entrega *estándar* del Rundown de Purificación.

Todo acerca de la radiación • ¿Se pueden evitar o reducir los efectos de haberse expuesto a la radiación? ¿Qué sucedería con exactitud si llegara a haber una explosión atómica? Encuentra las respuestas a éstas y muchas otras preguntas en este libro de claridad increíble. *Todo acerca de la radiación* describe observaciones y descubrimientos relacionados con los efectos físicos y mentales de la radiación y las posibilidades de manejarlos. Obtén información verdadera en el tema de la radiación y sus efectos.

Otros libros de Cienciología

¿Has vivido antes de esta vida? • Este es un libro que desató un torrente de interés en el antiguo enigma: "¿Vive el hombre sólo una vez?" La respuesta se encontraba enterrada en el misterio hasta que las investigaciones de L. Ronald Hubbard desenterraron la verdad. Verdaderos historiales de casos de personas que recordaron vidas anteriores en auditación nos lo revelan.

Diccionario técnico de Dianética y Cienciología • Este diccionario es tu guía indispensable para las palabras e ideas de las tecnologías de Dianética y Cienciología; tecnologías que pueden ayudarte a aumentar tu pericia y eficiencia en la vida. Hay más de tres mil palabras definidas, que incluyen una nueva comprensión de palabras vitales como *vida, amor y felicidad*, así como términos de Cienciología.

Tecnología moderna de dirección definida: diccionario Hubbard de administración y dirección • ¡Este es un verdadero avance en el tema de administración y dirección! Se definen 8.600 palabras para una mayor comprensión de cualquier situación de negocios. Definiciones de Cienciología claras y precisas describen muchos fenómenos antes sorprendentes y traen verdad, cordura y comprensión al campo de la dirección de negocios, con frecuencia confuso.

Curso para ejecutivos de organizaciones • Los volúmenes del *Curso para ejecutivos de organizaciones* contienen tecnología de organización que el hombre nunca antes conoció. No sólo trata de cómo funciona una organización de Cienciología; trata de cómo se puede mejorar el funcionamiento de *cualquier* organización o empresa. Una persona que conozca totalmente los datos de estos tomos y los aplique, podría revertir del todo cualquier tendencia descendente en una compañía, ¡o incluso en un país!

Volúmenes 1, 2 y 3 de la Serie de Dirección • Estos libros contienen tecnología que cualquiera que de alguna forma trabaje en dirección, debe saber muy bien para tener verdadero éxito. Estos libros contienen temas como evaluación de datos, la tecnología de cómo organizar cualquier área para una producción y expansión máximas, cómo tratar al personal, la verdadera tecnología de las relaciones públicas y mucho más.

Series de cassettes sobre el Logro Personal

Los cassettes de la serie sobre el *Logro Personal* son algunas de las conferencias favoritas de L. Ronald Hubbard. Se presentan en hermosos paquetes que contienen transcripciones y glosarios; estas conferencias contienen descubrimientos sobre la mente y la vida que siempre querrás tener a la mano para tu uso personal. Además son una introducción perfecta a Dianética y Cienciología para tus amigos y familiares.

La historia de Dianética y Cienciología • En esta conferencia, L. Ronald Hubbard comparte contigo sus primeras incursiones en la naturaleza humana y narra sus experiencias en forma precisa y a veces graciosa. ¡Pasa momentos inolvidables con Ronald y escúchalo hablar del principio de Dianética y Cienciología!

El camino a la verdad • El camino a la verdad ha eludido al hombre desde el principio de los tiempos. En esta conferencia clásica, L. Ronald Hubbard explica lo que este camino es en realidad y por qué es el único camino que debemos seguir hasta el final una vez que lo comenzamos. Esta conferencia revela el único camino hacia niveles superiores de vida.

La Cienciología y el conocimiento efectivo • ¡Un viaje hacia nuevos horizontes de consciencia! *La Cienciología y el conocimiento efectivo* por L. Ronald Hubbard puede ayudarte a entender más acerca de ti mismo y de los demás. Es una historia fascinante de los principios de Dianética y Cienciología.

El deterioro de la libertad • ¿Qué temen tanto los gobiernos de una población que hace que almacenen armas para defenderse de ella? Descúbrelo en esta conferencia clásica de Ronald.

Poder de elección y autodeterminación • La habilidad del hombre para determinar el curso de su vida depende de su habilidad para ejercer su poder de elección. Descubre como puedes aumentar tu poder de elección y autodeterminación en esta vida escuchando esta conferencia de Ronald.

Cienciología y habilidad • Ronald señala que este universo existe porque lo percibimos y estamos de acuerdo con él. Aplicar los principios de Cienciología puede traerte una nueva aventura en la vida y ponerte en el camino del descubrimiento de un mejor beingness.

La esperanza del hombre • Varios hombres a lo largo de la historia presentaron la idea de que había una esperanza de mejoramiento, pero los descubrimientos de L. Ronald Hubbard en Dianética y Cienciología han hecho realidad esa esperanza. Al escuchar estas conferencias descubrirás cómo Cienciología ha llegado a ser la única esperanza verdadera para la libertad definitiva del hombre.

Las dinámicas • En esta conferencia Ronald da datos increíbles sobre las dinámicas: cómo el hombre las crea, qué pasa cuando una persona se atora en una de ellas, cómo se relacionan las guerras con la tercera dinámica, y mucho más.

Dinero • En esta conferencia clásica, Ronald habla sobre el tema que engrandece o destruye al hombre con más facilidad: el dinero. Descubre lo que el dinero es en realidad y logra mayor control sobre tus propias finanzas.

Fórmulas para el éxito: *Las cinco condiciones* • ¿Cómo se logra el verdadero éxito? A veces parece que la suerte es el factor más importante, pero la verdad es que existen leyes naturales que rigen las condiciones de la vida. Ronald descubrió estas leyes y en esta conferencia te da los pasos exactos que debes tomar para mejorar las condiciones de cualquier aspecto de tu vida.

Salud y certeza • Necesitas tener confianza en ti mismo para lograr el éxito que quieres en la vida. En *Salud y certeza* L. Ronald Hubbard te dice como puedes lograr certeza y ser libre realmente de pensar por ti mismo. ¡Obtén este cassette de inmediato y comienza a llevar a cabo todo tu potencial!

Manual de funcionamiento de la mente • Todos tenemos una mente pero, ¿Quién tiene un manual para hacerla funcionar? Esta conferencia revela por qué el hombre existió durante miles de años sin entender cómo debe funcionar su mente. El problema ha sido resuelto; en esta conferencia puedes descubrir cómo se resolvió.

Milagros • ¿Por qué el hombre pierde con frecuencia ante las fuerzas a que se resiste o se opone? ¿Por qué un individuo no puede simplemente superar los obstáculos de la vida y triunfar? En la conferencia *Milagros*, L. Ronald Hubbard describe la razón de que tengamos pérdidas en la vida. También describe cómo una persona puede experimentar los milagros de la felicidad, de la satisfacción personal y de triunfar en la vida. Consigue hoy mismo una copia.

El camino a la perfección: *la bondad del hombre* • A diferencia de prácticas anteriores que buscaban "mejorar" al hombre porque era "malo", Cienciología supone que tienes *buenas* cualidades que simplemente necesitan *aumentarse.* En *El camino a la perfección,* L. Ronald Hubbard muestra qué tan funcional es esta suposición y cómo puedes empezar a utilizar tu mente, tus talentos y tus habilidades al máximo. Consigue esta conferencia y aumenta tu habilidad para vivir.

Los principios dinámicos de la existencia • ¿Qué se necesita para sobrevivir en el mundo de hoy? No aprendes mucho sobre esto en la escuela. Es probable que hayas recibido muchos consejos sobre como "salir adelante"; *ahora mismo, tu supervivencia está limitada por la información que has recibido.* Esta conferencia describe los principios dinámicos de la existencia, y te dice cómo puedes usarlos para aumentar tu éxito en todas las áreas de la vida. La felicidad y la autoestima *pueden* ser tuyas, no te conformes con menos.

¿El hombre es bueno o es malo? • En esta conferencia, L. Ronald Hubbard explora el misterio más grande al que se ha enfrentado la ciencia y la filosofía moderna: la verdadera naturaleza del vivir y ser del hombre. ¿El hombre es sólo un especie de muñeco de cuerda o un reloj? o lo que es peor, ¿una bestia maligna que no controla sus instintos? o por el contrario ¿es capaz de alcanzar niveles más altos de habilidad, de consciencia o de felicidad? Consigue este cassette y descubre las *verdaderas* respuestas.

La diferencia entre Cienciología y otros estudios • Las preguntas más importantes sobre la vida son las que empezaste a hacer cuando eras niño: ¿Qué le sucede a una persona cuando muere? ¿Es el hombre básicamente bueno, o es malvado? ¿Cuáles son las intenciones del mundo para conmigo? ¿Me amaron mi padre y mi madre en realidad? ¿Qué es el amor? A diferencia de otros estudios que tratan de *obligarte* a pensar de cierta manera, Cienciología te ayuda a encontrar tus propias respuestas. Escucha esta importante conferencia; te pondrá en el camino de la verdadera comprensión y fe en ti mismo.

La maquinaria de la mente • Hacemos muchas cosas de forma "automática"; por ejemplo conducir un auto. Pero, ¿qué pasa cuando la maquinaria mental de una persona toma el control y empieza a manejarla? En esta fascinante conferencia, L. Ronald Hubbard te ayuda a entender la verdadera naturaleza de la maquinaria mental y cómo puede hacer que una persona pierda el control. *Puedes* recuperar tu poder de decisión y tener control completo sobre tu vida. Escucha esta conferencia y descubre cómo hacerlo.

El triángulo de Afinidad, Realidad y Comunicación • ¿Alguna vez trataste de hablar con un hombre enojado? ¿Alguna vez trataste de hacer llegar algo a una persona llena de temor? ¿Alguna vez conociste a alguien al que le era imposible alegrarse? Escucha esta fascinante conferencia de L. Ronald Hubbard y aprende cómo puedes usar el triángulo de Afinidad, Realidad y Comunicación para resolver relaciones personales. Si utilizas la información de esta conferencia, puedes entender mejor a los demás y llevar una vida más feliz.

Cómo aumentar la eficiencia • La ineficiencia es la barrera más importante ante el éxito. ¿Cómo puedes aumentar tu eficiencia? ¿Tiene que ver con cambiar tu dieta o con arreglar tu medio ambiente del trabajo? Estos enfoques siempre han fracasado, ya que no toman en cuenta el elemento más importante: *tú*. L. Ronald Hubbard encontró los factores que *pueden* aumentar tu eficiencia y habla de ellos en esta conferencia de actualidad continua. Consíguela ahora mismo y empieza a alcanzar todo *tu* potencial.

La incansable búsqueda del hombre • Durante incontables siglos, el hombre ha tratado de encontrarse a sí mismo. ¿Por qué una y otra vez esta búsqueda termina en la frustración y el desengaño? ¿Qué busca *en realidad* el hombre, y por qué no puede encontrarlo? Si quieres conocer la verdad sobre el hombre y la vida, escucha esta conferencia de L. Ronald Hubbard y recupera tu fe en ti mismo.

Mejora tu vida con los Cursos por correspondencia de Cienciología

Los libros de Cienciología por L. Ronald Hubbard te dan el conocimiento para lograr una vida mucho más feliz y exitosa. Aprende ahora a *usar* ese conocimiento para lograr mayor control en *tu* vida. Inscríbete en un Curso por correspondencia de Cienciología.

Cada paquete de curso por correspondencia incluye un libro de lecciones con instrucciones fáciles de entender y todas las lecciones que necesitarás para completarlo. Cada curso puede ser hecho confortablemente en tu propio hogar o en tu propia organización local de Cienciología. Tu Supervisor del Curso por correspondencia revisará cada lección así como la completes (o la mandará por correo si estás haciendo el curso en tu hogar) y te regresará los resultados. Cuando completes el curso obtendrás un diploma muy bonito, apropiado para enmarcarse.

Curso por correspondencia
Los problemas del trabajo

Tratar de manejar un trabajo y conservarlo puede llegar a ser una lucha mortal del trabajo diario. ¿Cuáles son los secretos para mejorar tu goce por el trabajo? ¿Cómo puedes lograr la satisfacción personal de hacer bien tu trabajo? Encuentra las respuestas y aplícalas fácilmente. *¡Haz el Curso por correspondencia de Los problemas del trabajo!*

Curso por correspondencia
Un nuevo punto de vista sobre la vida

La vida no tiene porque permanecer siendo la misma. Tú *puedes* lograr niveles superiores de conocimiento, habilidad y libertad. Descubre las dos reglas para vivir feliz, el secreto del éxito, cómo evitar ser "un engranaje más de una máquina", cómo lograr tu metas y más. ¡Haz el *Curso por correspondencia de Un nuevo punto de vista sobre la vida* y gana una nueva perspectiva refrescante sobre la vida!

Curso por correspondencia
Los fundamentos del pensamiento

Aquí está el conocimiento práctico y funcional que puede mejorar tu vida en el mundo problemático de hoy. Este curso por correspondencia te ayudará a ganar una mayor comprensión de la vida más allá de lo que tú pensaste era posible. ¡Pide tu copia del *Curso por correspondencia de Los fundamentos del pensamiento* hoy mismo!

Inscríbete hoy en un curso
por correspondencia de estudio
de Cienciología para tu hogar

Para mayor información, inscripciones y precios acerca de estos cursos por correspondencia y los libros que los acompañan, contacta al Registrador Público de tu organización de Cienciología más cercana. (Una lista completa de organizaciones de Cienciología está provista al final de este libro).

Para mas información acerca de Cienciología o para solicitar libros y cassettes

Llama: (525) 10-54-58-69
en la Ciudad de México
o en EE UU: 1-800-FOR-LIFE

¿Existe tal cosa como una línea telefónica que no cree en dar consejo? ¿Qué tal una línea telefónica para individuos capaces, para ayudarlos a resolver sus propiosproblemas?

L. Ronald Hubbard dijo: "Si nosotros tomamos un hombre y le continuamos dando consejo, no concluiremos necesaria-mente con una resolución a sus problemas. Pero, si por el otro lado, lo ponemos en una posición en donde él tenga una inteligencia mucho mayor, en donde su tiempo de reacción sea mucho mejor, en donde pueda confrontar la vida mucho mejor, entonces, estará en una posición en la cual podrá resolver sus propios problemas".

Llama a la línea telefónica especial y al servicio de referen-cia, con operadores entrenados en la tecnología de Cienciología. Aquellos que llamen se encontrarán con alguien en quienes pueden confiar para discutir su problema, y serán referidos a la organización de Cienciología más cercana para más infor-mación si están interesados.

Asimismo tú puedes pedir libros y cassettes de L. Ronald Hubbard por medio de llamar a este número.

Llama a este número,
7 días a la semana de las
9 A.M. a las 11 P.M.

Obtén tu catálogo gratuito acerca del conocimiento de cómo mejorar tu vida

Los libros y cintas de L. Ronald Hubbard incrementan tu habilidad para entenderte a ti mismo y a otros. Sus obras te darán la destr eza y conocimientos prácticos que tú necesitas para mejorar tu vida y las vidas de tu familia y amigos.

Muchísimos más materiales por L. Ronald Hubbar d se encuentran disponibles; más allá de lo que todas las páginas de este libro podíran abarcar. Un catálogo gratuito de estos materiales esté disponible si se solicita.

Escribe hoy por tu catálogo

Era Dinámica Editores, S.A. de C.V.
Tonalá #210
Colonia Roma Sur
Delegación Cuauhtemoc
México, D.F., C.P. 06760

Bridge Publications, Inc.
4751 FountainAvenue
Los Angeles, California 90029

"Siempre me hace feliz tener noticias de mis lectores".

L. Ronald Hubbard

Estas eran las palabras de L. Ronald Hubbard, quien siempre estuvo muy interesado en tener noticias de sus amigos y lectores. Dio importancia a estar en comunicación con todos aquellos con los que entabó contacto durante sus cincuenta años de carrera como escritor profesional, y tuvo miles de admiradores y amigos que mantuvieron correspondencia con él desde todas partes del mundo.

Los editores de las obras de L. Ronald Hubbard desean perpetuar esta tradición, y reciben con satisfacción tus cartas y comentarios y los de todos sus lectores, tanto antiguos como nuevos.

Además, a los editores les complacerá enviarte información sobre cualquier cosa que desees saber acerca de Ronald, su extraordinaria vida y logros, y el inmenso númer o de libros que escribió.

Cualquier mensaje dirigido al Director de Asuntos del Autor en Bridge Publications, Inc., recibirá antención rápida y completa.

Bridge Publications, Inc.
4751 Fountain Avenue
Los Angeles, California 90029

Era Dinámica Editores, S.A. de C.V.
Tonalá #210
Colonia Roma Sur
Delegación Cuauhtemoc
México, D.F., C.P. 06760

Lista de Direcciones

Argentina

Buenos Aires
Asociación de
   Dianética de
Argentina
Bartolomé Mitre 2162
Capital Federal, C.P. 1039
Buenos Aires, Argentina

Colombia

Bogotá
Centro Cultural de
   Dianética
Carrera 30 91-96
Bogotá, Colombia

México

Ciudad de México
Asociación Cultural
   de Dianética, A.C.
Belisario Domínguez
#17-1, Villa Coyoacán
Colonia Coyoacán
C.P. 04000, México, D.F.

Instituto de Filosofía
   Aplicada, A.C.
Municipio Libre No. 40
Esq. Mira Flores
Colonia Portales
C.P. 06890, México, D.F.

Centro Cultural
   Latinoamericano, A.C.
Berlin #9 BIS
Colonia Juárez
C.P. 06600, México, D.F.

Instituto Tecnológico
   de Dianética, A.C.
Ave. Chapultepec 540
6º Piso
Colonia Roma
Metro Chapultepec
C.P. 06700, México, D.F.

Organización
Desarrollo
   y Dianética, A.C.
Cuauthemoc #576
Colonia Narvarte
C.P. 03220, México, D.F.

Organización Cultural
   de Dianética, A.C.
Calle San Luis Potosi
   #196 - 3er Piso
   Esq. Medellin
Colonia Roma
C.P. 03020, México, D.F.

Guadalajara
Organización Cultural
   de Dianética, A.C.
Ave. de la Paz 2787
Fracc. Arcos Sur
Sector Juárez,
Guadalajara,
   Jalisco
C.P. 44500, México

Venezuela

Caracas
Oraganización Cultural
   de Dianética, A.C.
Calle Casiquiare,
   Entre Yumare Y Atunes
Quinta Shangai
Urbanizacion El Marquez
Caracas, Venezuela

Valencia
Asociación Cultural
   de Dianética, A.C.
Ave. Bolívar Nte.
Edificio El Refugio 141-45
   A 30 metros
   Ave. Monseñor Adams
Valencia, Venezuela

España

Barcelona
Asociación Civil
Dianética
C/ Pau Clarís 85,
Principal dcha.
08010 Barcelona,
España

Madrid
Asociación Civil
Dianética
C/ Montera 20,
Piso 1º dcha.
28013 Madrid, España

Estados Unidos

Albuquerque
Church of Scientology
8106 Menaul Blvd. N.E.
Albuquerque, New
Mexico 87110

Ann Arbor
Church of Scientology
66 E. Michigan Avenue
Battle Creek, Michigan
49017

Atlanta
Church of Scientology
1132 West Peachtree St.
Atlanta, Georgia
30324

Austin
Church of Scientology
2200 Guadalupe
Austin, Texas 78705

Boston
Church of Scientology
448 Beacon Street
Boston, Massachusetts
02115

Buffalo
Church of Scientology
836. N. Main Street
Buffalo, New York
14202

Chicago
Church of Scientology
3009 North Lincoln Ave.
Chicago, Illinois 60657

Cincinnati
Church of Scientology
215 West 4th Street,
5th Floor
Cincinnati, Ohio 45202

Clearwater
Church of Scientology
Flag Service
Organization
210 South Fort Harrison
Clearwater, Florida
34616

Clearwater
Church of Scientology
Flag Ship Service
Organization
c/o Freewinds Relay
Office
118 N. Fort Harrison
Clearwater, Florida
34615

Columbus
Church of Scientology
30 North High Street
Columbus, Ohio 43215

Dallas
Church of Scientology
Celebrity Centre Dallas
10500 Steppington Dr.
Suite 100
Dallas, Texas 75230

Denver
Church of Scientology
3385 S. Bannock
Englewood, Colorado
80110

Detroit
Church of Scientology
321 Williams Street
Royal Oak, Michigan
48067

Honolulu
Church of Scientology
1148 Bethel Street
Honolulu, Hawaii
96813

Kansas City
Church of Scientology
3619 Broadway
Kansas City, Missouri
64111

Las Vegas
Church of Scientology
846 East Sahara Avenue
Las Vegas, Nevada
89104

Church of Scientology
Celebrity Centre
Las Vegas
1100 South 10th Street
Las Vegas, Nevada
89104

Long Island
Church of Scientology
99 Railroad Station Plaza
Hicksville, New York
11801

**Los Angeles y
alrededores**
Church of Scientology
4810 Sunset Boulevard
Los Angeles, California
90027

Church of Scientology
1451 Irvine Boulevard
Tustin, California 92680

Church of Scientology
1277 East Colorado Blvd.
Pasadena, California
91106

Church of Scientology
3619 W. Magnolia Blvd.
Burbank, California
91506

Church of Scientology
American Saint Hill
Organization
1413 L. Ron
Hubbard Way
Los Angeles, California
90027

Church of Scientology
American Saint Hill
Foundation
1413 L. Ron
Hubbard Way
Los Angeles, California
90027

Church of Scientology
Advanced Organization
of Los Angeles
1306 L. Ron Hubbard
Way, Los Angeles,
California 90027

Church of Scientology
Celebrity Centre
International
5930 Franklin Avenue
Hollywood, California
90028

Los Gatos
Church of Scientology
475 Alberto Way,
Suite 110
Los Gatos, California
95032

Miami
Church of Scientology
120 Giralda Avenue
Coral Gables, Florida
33134

Minneapolis
Church of Scientology
Twin Cities
1011 Nicollet Mall
Minneapolis, Minnesota
55403

Mountain View
Church of Scientology
2483 Old Middlefield
Way, Mountain View,
California 96043

Nashville
Church of Scientology
Celebrity Centre
Nashville
1503 16th Ave. So.
Nashville, Tennessee
37212

New Haven
Church of Scientology
909 Whalley Avenue
New Haven,
Connecticut 06515

New York City
Church of Scientology
227 West 46th Street
New York City, New
York 10036

Church of Scientology
Celebrity Centre
New York
65 East 82nd Street
New York City, New
York 10028

Orlando
Church of Scientology
1830 East Colonial Dr.
Orlando, Florida 32803

Philadelphia
Church of Scientology
1315 Race Street
Philadelphia,
Pennsylvania 19107

Phoenix
Church of Scientology
2111 W. University Dr.
Mesa, Arizona 85201

Portland
Church of Scientology
323 S.W. Washington
Portland, Oregon 97204
Church of Scientology
Celebrity Centre
Portland
709 Southwest Salmon St.
Portland, Oregon 97205

Sacramento
Church of Scientology
825 15th Street
Sacramento, California
95814

Salt Lake City
Church of Scientology
1931 S. 1100 East
Salt Lake City, Utah
84106

San Diego
Church of Scientology
1330 4th Ave.
San Diego, California
92101

San Francisco
Church of Scientology
701 Montgomery
San Francisco,
California 94111

San Jose
Church of Scientology
80 E. Rosemary
San Jose, California
95112

Santa Barbara
Church of Scientology
524 State Street
Santa Barbara,
California 93101

Seattle
Church of Scientology
2226 3rd Avenue
Seattle, Washington
98121

St. Louis
Church of Scientology
9510 Page Boulevard
St. Louis, Missouri
63132

Tampa
Church of Scientology
3102 N. Havana Avenue
Tampa, Florida 33607

Washington, DC
Founding Church of
Scientology
of Washington, DC
1701 20th Street N.W.
Washington, DC 20009

Puerto Rico

Hato Rey
Church of Scientology
272 JT Piniero Avenue
Hyde Park, Hato Rey
Puerto Rico 00918

Canadá

Edmonton
Church of Scientology
10187 112th St.
Edmonton, Alberta
Canada T5K 1M1

Kitchener
Church of Scientology
104 King St. West
Kitchener, Ontario
Canada N2G 2K6

Montreal
Church of Scientology
4489 Papineau Street
Montréal, Québec
Canada H2H 1T7

Ottawa
Church of Scientology
150 Rideau Street,
  2nd Floor
Ottawa, Ontario
Canada K1N 5X6

Quebec
Church of Scientology
350 Bd Chareste Est
Québec, Québec
Canada G1K 3H5

Toronto
Church of Scientology
696 Yonge Street,
  2nd Floor
Toronto, Ontario
Canada M4Y 2A7

Vancouver
Church of Scientology
401 West Hasting Street
Vancouver, British
Columbia
Canada V6B 1L5

Winnipeg
Church of Scientology
388 Donald Street,
  Suite 210
Winnipeg, Manitoba
Canada R3B 2J4

Alemania

Berlin
Church of Scientology
Sponholzstraße 5152
12159 Berlin, Germany

Düsseldorf
Church of Scientology
Friedrichstraße 28
40217 Düsseldorf,
Germany

Church of Scientology
Celebrity Centre
Düsseldorf
Luisenstraße 23
40215 Düsseldorf,
Germany

Frankfurt
Church of Scientology
Darmstädter
Landstraße 213
60598 Frankfurt,
Germany

Hamburgo
Church of Scientology
Steindamm 63
20099 Hamburg,
Germany

Church of Scientology
Eppendorfer
Landstraße 35
20249 Hamburg,
Germany

Hanover
Church of Scientology
Hubertusstraße 2
30163 Hannover,
Germany

Munich
Church of Scientology
Beichstraße 12
80802 München,
Germany

Stuttgart
Church of Scientology
Hohenheimerstr. 9
70184 Stuttgart,
Germany

Austria

Viena
Church of Scientology
Schottenfeldgasse
13/151070 W ien,
Austria

Church of Scientology
Celebrity Centre Vienna
Senefeldergasse 11/5
1100 Wien, Austria

Bélgica

Bruselas
Church of Scientology
61, rue du Prince Royal
1050 Bruxelles, Belgium

Dinamarca

Aarhus
Church of Scientology
Vester Alle 26
8000 Aarhus C,
Denmark

Copenhague
Church of Scientology
Store Kongensgade 55
1264 Copenhagen K,
Denmark

Church of Scientology
Gammel Kongevej 35, 1
1610 Copenhagen V,
Denmark

Church of Scientology
Advanced Organization
Saint Hill for Europe
and Africa
Jernbanegade 6
1608 Copenhagen V,
Denmark

Francia

Angers
Church of Scientology
21, rue Paul Bert
49100 Angers, France

Clermont-Ferrand
Church of Scientology
6, rue Dulaure
63000 Clermont-
Ferrand, France

Lyon
Church of Scientology
3, place des Capucins
69001 Lyon, France

París
Church of Scientology
7, rue Jules César
75012 Paris, France

Church of Scientology
Celebrity Centre Paris
69, rue Legendre
75017 Paris, France

Saint-Étienne
Church of Scientology
24, rue Marengo
42000 Saint-Étienne,
France

Italia

Brescia
Church of Scientology
Via Fratelli Bronzetti, 20
25122 Brescia, Italy

Catania
Church of Scientology
Via Garibaldi, 9
95121 Catania, Italy

Milán
Church of Scientology
Via Abetone, 10
20137 Milano, Italy

Monza
Church of Scientology
Via Nuova Valassina, 354
20035 Lissone, Italy

Novara
Church of Scientology
Via Passalacqua, 28
28100 Novara, Italy

Nuoro
Church of Scientology
Via Lamarmora, 102
08100 Nuoro, Italy

Padova
Church of Scientology
Via Mameli, 1/5
35131 Padova, Italy

Pordenone
Church of Scientology
Via Montereale, 10/C
33170 Pordenone, Italy

Roma
Church of Scientology
Via Sannio N. 64
Zona S. Giovanni-Roma
00183 Roma, Italy

Turín
Church of Scientology
Via Bersezio, 7
10152 Torino, Italy

Verona
Church of Scientology
Corso Milano, 84
37138 Verona, Italy

Noruega

Oslo
Church of Scientology
Lille Grensen 3
0159 Oslo, Norway

Países Bajos

Amsterdam
Church of Scientology
Nieuwe Zijds
Voorburgwal 271
1012 RL Amsterdam,
Netherlands

Portugal

Lisboa
Church of Scientology
Rua de Conde
Redondo #19
1150 Lisboa, Portugal

Reino Unido

Birmingham
Church of Scientology
Albert House, 3rd Floor
24 Albert Street
Birmingham, England
B4 7UD

Brighton
Church of Scientology
5 St. Georges Place
London Road
Brighton, Sussex
England BN1 4GA

East Grinstead
Church of Scientology
Saint Hill Foundation
Saint Hill Manor
East Grinstead,
West Sussex
England RH19 4JY

Advanced Organization
Saint Hill
Saint Hill Manor
East Grinstead, West
Sussex
England RH19 4JY

Edimburgo
Hubbard Academy of
Personal
Independence
20 Southbridge
Edinburgh, Scotland
EH1 1LL

Londres
Church of Scientology
68 Tottenham Court Rd.
London, England
W1P 0BB

Manchester
Church of Scientology
258 Deansgate
Manchester, England
M3 4BG

Plymouth
Church of Scientology
41 Ebrington Street
Plymouth, Devon
England PL4 9AA

Sunderland
Church of Scientology
51 Fawcett Street
Sunderland,
Tyne and Wear
England SR1 1RS

Rusia

Moscú
Hubbard Humanitarian
Center
Prospect Budyonogo 31
105275 Moscow, Russia

Suecia

Gotenburgo
Church of Scientology
Odinsgatan 8, 2 tr.
41103 Göteborg,
Sweden

Malmo
Church of Scientology
Porslingsgatan 3
211 32 Malmö, Sweden

Estocolmo
Church of Scientology
Götgatan 105
116 62 Stockholm,
Sweden

Suiza

Basilea
Church of Scientology
Herrengrabenweg 56
4054 Basel, Switzerland

Berna
Church of Scientology
Muhlemattstr. 31,
Postfach 384
3000 Bern 14,
Switzerland

Ginebra
Church of Scientology
Route de Saint-Julien 79
C.P. 823, 1227 Carouge
Genève, Switzerland

Lausana
Church of Scientology
10, rue de la Madeleine
1003 Lausanne,
Switzerland

Zurich
Church of Scientology
Badenerstrasse 141
8004 Zürich,
Switzerland

Israel

Tel Aviv
College of Dianetics
and Scientology
12 Shontzion
Tel Aviv 61573, Israel

Australia

Adelaide
Church of Scientology
2428 Wymouth Street
Adelaide, South
Australia 5000
Australia

Brisbane
Church of Scientology
106 Edward Street
Brisbane, Queensland
4000, Australia

Canberra
Church of Scientology
4345 East Row
Canberra City, ACT
2601, Australia

Melbourne
Church of Scientology
42..44 Russell Street
Melbourne, Victoria
3000, Australia

Perth
Church of Scientology
108 Murray Street
Perth, Western
Australia 6000
Australia

Sydney
Church of Scientology
201 Castlereagh Street
Sydney, New South
Wales 2000
Australia

Church of Scientology
Advanced Organization
Saint Hill
  Australia, New
Zealand and
  Oceania
1937 Greek Street
Glebe, New South
Wales 2037
Australia

Japón

Tokyo
Scientology Tokyo
1-23-1 Higashi Gotanda
Shinagawa-ku
Tokyo, Japan 141

Nueva Zelanda

Auckland
Church of Scientology
159 Queen Street
Auckland 1, New
Zealand

África

Bulawayo
Church of Scientology
Southampton House,
  Suite 202
Main Street and 9th Ave.
Bulawayo, Zimbabwe

Cape Town
Church of Scientology
St. Georges Centre,
  2nd Floor
13 Hout Street
Cape Town 8001
Republic of South
Africa

Durban
Church of Scientology
57 College Lane
Durban 4001
Republic of South
Africa

Harare
Church of Scientology
PO Box 3524
87 Livingston Road
Harare, Zimbabwe

Johannesburgo
Church of Scientology
  6th Floor,
Budget House
130 Main Street
Johannesburg 20010
Republic of South
Africa

Church of Scientology
1st Floor Bordeaux
  Centre
Gordon and Jan Smuts
Ave., Blairgowrie,
Randburg 2125
Republic of South
Africa

Port Elizabeth
Church of Scientology
2 St. Christopher Place
27 Westbourne Road
Central, Port Elizabeth
6001, Republic of South
Africa

Pretoria
Church of Scientology
306 Ancore Building
Jeppe and
Esselen Streets
Pretoria 0002
Republic of South
Africa

Si alguno de los libros anunciados no está disponible en la Asociación de Dianética más cercana, pídelo a cualquiera de las siguientes editoriales.

Bridge Publications, Inc.
4751 Fountain Avenue
Los Angeles, California 90029

Era Dinámica Editores, S.A. de C.V.
Tonalá #210
Colonia Roma Sur
Delegación Cuauhtemoc
México, D.F., C.P. 06760